了 解 和 爱 ， 终 将 成 就 一 切 ！

养育孩子，一场温暖的修行

Raising Our Children,
Raising Ourselves

〔美〕娜奥米·阿尔多特（Naomi Aldort） 著

孩子奇妙的成长，将打开你无限的内在力量

华夏出版社
HUAXIA PUBLISHING HOUSE

图书在版编目（CIP）数据

养育孩子，一场温暖的修行/(美)阿尔多特著；杜蕾蕾译. —北京：华夏出版社，2013.1
书名原文：Raising Our Children, Raising Ourselves
ISBN 978-7-5080-7259-3

Ⅰ.①养… Ⅱ.①阿… ②杜… Ⅲ.①家庭教育 Ⅳ.①G78

中国版本图书馆 CIP 数据核字(2012)第 246666 号

Raising Our Children, Raising Ourselves
Copyright © 2005 by Naomi Aldort
未经出版者预先书面许可，不得以任何方式复制或抄袭本书的任何部分。

版权所有，翻印必究。
北京市版权局著作权合同登记号：图字 01-2012-6666 号

养育孩子，一场温暖的修行

编　　著	[美]娜奥米·阿尔多特
译　　者	杜蕾蕾
责任编辑	朱　悦　王凤梅
出版发行	华夏出版社
经　　销	新华书店
印　　刷	三河市兴达印务有限公司
装　　订	三河市兴达印务有限公司
版　　次	2013年1月北京第1版　2013年1月北京第1次印刷
开　　本	670×970　1/16
印　　张	16
字　　数	179千字
定　　价	39.80元

华夏出版社　网址：http://www.hxph.com.cn　地址：北京市东直门外香河园北里4号　邮编：100028
若发现本版图书有印装质量问题，请与我社营销中心联系调换。　电话：(010)64663331(转)

无论你成为什么样的人,都不会令我失望,我不会给你的未来勾画蓝图。我不愿构想虚幻的你,只想发现真实的你,我绝不会对你失去信心。

玛丽·哈斯克尔(Mary Haskell)

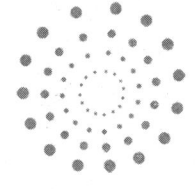

目 录

养育孩子,一场温暖的修行

序言 ❶

第一章 抚慰心灵、沟通情感的交谈 ❶

肯定孩子的情感有效果吗？／ 6
S.A.L.V.E. 沟通原则／ 7
幼儿与感情丰富的语言／ 11
当肯定变成一种侵犯／ 13
生气的情绪，爱的语言／ 15
向孩子提出要求／ 18
重来一次／ 21
肯定非语言的沟通／ 23
沟通的失去与转变／ 25
如何表达懊悔才能令孩子感到安慰／ 26
当沟通适得其反时／ 31

介绍孩子的五种基本需求 ㊱

理解孩子的行为 / 36

第二章 爱 ㊵

爱不是奖品 / 44
孩子如何感受到爱 / 46
身体语言 / 52
给予关注 / 54
爱的感知 / 58
以孩子为中心 / 59
区分你的需要与孩子的需要 / 62
当孩子怀疑你的爱时 / 69
恢复无条件之爱的能力 / 72
不要害怕失去控制 / 73
不要害怕引导孩子 / 76
不要害怕给予不足 / 79
培养自爱（对坚持自己权利的恐惧） / 81
取悦父母 / 89
保持一致性 / 91

第三章 自我表达 (95)

孩子的情感爆发 / 96

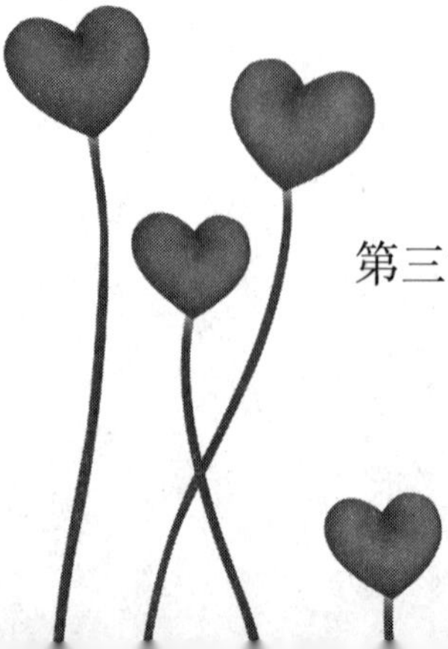

哭泣 / 112
区分焦虑情绪与哭泣需要 / 117
发脾气：因为需要而哭泣，还是需要哭泣 / 119
控制的代价 / 121
当孩子利用发脾气来达到目的时 / 125
父母的领导地位 / 129
防止"受难"心理 / 133
倾听孩子的愤怒 / 136
安抚旧伤 / 142
父母的自我表达 / 144

第四章　安全感　149

你的情绪与孩子的安全感 / 155
认识源自恐惧的行为 / 157
预防说谎、隐瞒及其他源自恐惧的行为 / 160
控制孩子的代价 / 163
鼓励孩子表达不可避免的恐惧 / 165
表达怨恨 / 168
孩子之间的怨恨 / 169
"要是能甩掉妹妹就好了" / 171
对父母的怨恨 / 177
帮助孩子，不要吓唬孩子 / 180

第五章　自主与强大　182

对待孩子的侵犯／189
出门在外时避免麻烦／196
游戏／198
挠痒痒／201
摔跤／202
顺从的孩子／203
培养自立精神／205

第六章　自信　210

自信的积木／213
什么是自信／217
自信与兄弟姐妹／小伙伴／221
兄弟姐妹间的互相贬损／227

参考资料　232
联系信息　235
娜奥米的产品及服务　236
写在书后　238

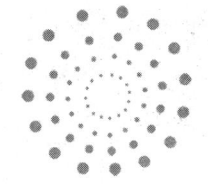

序言:模式转变

养育孩子,一场温暖的修行

与一个优秀的孩子分享生活,他的优秀不是来自惧怕,而是来自快乐和爱。

本书是我多年来教养孩子以及为世界各地的家庭排忧解难的成果。我从家长们那些多姿多彩的故事中认识到:其实你在内心已经知道如何当家长,然而你总是无法跟随自己智慧的引领。也许你说过一些令自己懊悔的话,做过一些令自己懊悔的事,但是,你之所以会感到懊悔,是因为在你内心深处知道怎么做才正确,只是过去的思维和种种顾虑妨碍了因爱而生的智慧。在本书里,你将学会如何将徒劳无益的顾虑与对孩子的爱区分开来,这样,你可以真诚地对待孩子,回归自己的本性,成为你所向往的充满爱的家长。同时你将学到精妙的技巧,在面对挑战时展现自己的爱。

我知道，如果你懂得如何用温和平静地教导孩子成长为一个善良、有责任心、成功的人，那么你一定乐意放弃责骂、惩罚或威胁这些痛苦的手段，而《养育孩子，一场温暖的修行》这本书正是你所期待的答案。

近年来，整个社会呈现出一种采用温和的手段教养孩子、使其愿意合作的趋势。然而，古老的控制观念并未转变，"诱使合作"这一新兴的名词遮蔽了我们的视线，使我们看不到隐藏在下面的控制本质。控制无法产生令人满意的效果，因为人性本能地与之相抵触，无论其形式多么温和，控制无一例外都会引发一些令人棘手的问题。

多数家长已经知道如何温和地控制孩子，他们不知道的是，如何不去控制他们，和他们和睦而快乐地生活在一起。我们很自然地懂得一些温和控制的手段，比如双方同意在一定时间内不施加惩罚、诱使孩子合作、收买或赞扬孩子，然而，听话、顺从甚至被诱使合作都意味着孩子屈服于大人的意愿，即使他们看起来似乎乐于这么做（因为他想得到你的爱，这会使他安心）。今天，很多家长都在寻找新的育儿方式——不控制孩子，但可以提供给孩子正确的教育和引导。

因此，本书的目的不是教你如何诱使孩子合作，而是教你如何增强自己与孩子认识自我、实现自我的能力。一个生活顺心如意、自由自主的孩子，做事总是很出色，因为他做的是自己喜欢的事，他这么做是出于快乐与爱，而不是出于惧怕或对赞赏的渴望。

在本书里，你将学习如何消除自己的内心情绪和因条件反射造成的障碍，以便使孩子可以维持本真，而不被你的过往经历、你对未来的担忧或你对别人看法的顾虑所阻碍。你将学习抚养而不是塑造，就像一名园丁帮花浇水，但不帮助它们开放，不选择它们的形状和色彩。

　　要想向亲密和睦、沟通顺畅、充分认识自我的方向迈进，有赖于家长放弃过去习以为常的依附关系和控制欲。一些典型的问题能够反映出你有控制孩子的愿望，比如我怎样才能"让"他做家务、保持安静、不发脾气、好好吃饭，等等。这实际上是"让"孩子遵照家长的意愿做事，孩子不得不放弃他的意愿，也就是放弃他自己。可是，对于孩子来说，放弃自己的意愿是多数麻烦形成的症结。能够导演自己生活的孩子总是能把事情做好，因为他做事是出于快乐和爱，而不是出于愤怒、惧怕或压力。

　　如果你有勇气相信自己的孩子，让他导演自己的生活，那么，你会享受到最有成就感的育儿经历。在这个过程中，你会爱上孩子独特的想法和喜好。这样的爱是无条件的——爱你的孩子，而不是爱你想让他成为的样子。当除去一切条件时，爱就是纯粹的爱。一旦被用做表彰某种行为或成就的奖励时，爱就不再是爱，而是变成了用给予或收回的方式教育孩子的手段。在本书里，你将学会卸下防备，让爱毫无束缚地流淌。事实上，无条件的爱本身就是一种甜蜜的奖赏。

　　每当与孩子的关系遇到困难时，你有两个选择：压制孩子的本性，维持自己旧有的育儿方式；或者跟随孩子的脚步，变成更好的家长，让孩子做你的老师。能够支配自我、实现自我的人，总是出自亲子关系平等的家庭。

　　如果我们有勇气多学习、少说教，那么育儿就会走向一条通往进步和成熟的道路。

我们的控制欲不是缺陷也不是错误，而是遵循祖辈脚步的简单重复。这种控制欲建立在恐惧的基础之上，人们相信，如果父母不雕琢、不塑造孩子，孩子就不会成器。在孩子从婴儿到少年到成人的成长过程中，家长们神化了自己的角色。事实上，当认识到孩子注定会按照自己特有的方式成长时，你会明白，育儿其实远没有那么复杂。

本书会将你从塑造他人这个不可能完成的任务中解放出来。自然和上帝不是傻瓜，在二十多年的时间里让一个婴儿长大成人不是你的任务，你的责任和权利只是在他成长的过程中照顾他、养育他。

在阅读本书时，你需要明白，思想的来去不受我们的控制，它们是自然产生的，并非全部有益，有些甚至是错的，我们不必一一遵守。如果我们希望明天比今天更加美好，就要允许孩子亲手创造明天，而不是服从我们的想法。我们对孩子的期望建立在继承祖辈的想法之上，如果一味重复过去，头脑里深深印刻着以恐惧为基础的、陈旧的育儿信仰，那么现状就不会发生任何改变。

书中收录了数十个关于亲子关系的故事，它们是来自我有幸指导过的家庭的真实事件。出于保护隐私的需要，所有姓名和背景均作了改动。爱的原则与年龄无关，这些故事来自不同年龄的孩子——从婴儿到少年。

如果我们有勇气多学习、少说教，那么育儿就会走向一条通往进步和成熟的道路。当你有勇气质疑自己养育孩子的方式，或者你的父母养育你的方式时，你会发现自己可能会成为比想象中更加优秀、更加出色和更加成功的家长。

抚慰心灵、沟通情感的交谈

> 行为没有对与错,唯一有意义的是在恐惧与爱之间作出选择。

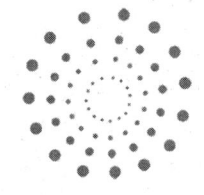

与孩子沟通时,我们选择不同的语言会产生不同的效果:有些带来安慰,有些造成伤害;有些拉开距离,有些培养亲密;有些产生鸿沟,有些碰触心灵、促进依赖、增加力量。举一个例子来看。

在一家健康食品店购物时,我听到一阵孩子的哭声,循着声音,看到一位大约四岁的小女孩躺在地上放声大哭,似乎没有人陪在她身边。我环视四周,柜台旁的一个女人回答了我没有说出口的疑问:"我不知道她的母亲在哪儿,这个男孩好像是她的哥哥。"

女孩的哥哥大约九岁,站在走廊里的一辆购物车旁。我靠着痛哭的小女孩在地板上坐下,尝试猜测她为什么哭泣。

"你是不是等了很久,一直想离开这家商店?"我问。

"是的!"她说。

"你想回家了吗?"

"是的!"她哭得更伤心了。

"时间拖得太长,好像妈妈的速度很慢啊!"

"是的!"她回答。这一次,女孩抬起头,用泪汪汪的大眼睛看着我。

"在这个无聊的商店里等这么久真不好受。"我说。

"嗯哼!"

这时,她的哥哥走到我们旁边,做了一个不耐烦的手势,"快点,莉齐,站起来。"

我转向男孩,说:"你也厌倦了等妈妈,是吗?"

"是啊!"停了一下,他又补充道,"现在电视上正在播最好看的节目。"

"哦?"我说,"你们看不到最喜欢的电视节目了?"

"是的!"莉齐把节目的名字告诉了我。

"真让人郁闷啊!"我肯定了她的感受,"这个节目下次播出是什么时候?"

"明天。"他们齐声说。"每天都有。"男孩又补充了一句。

"你们担心猜不出今天错过的内容?"我问,心想他们也许是担心跟不上情节发展。

"是的。"莉齐说,她的哥哥也点点头。接着,莉齐站起来,我作了自我介绍,莉齐给了我一个温暖的拥抱。

我说:"遇到你们我真高兴。"莉齐钻进我的臂弯,我站起来,抱着她，这时的她已经平静下来。

她的哥哥靠近我们，说："我相信我们能猜出今天的节目内容，莉齐。"莉齐笑了。

就在这时，孩子的母亲匆匆赶来，感谢我提供的帮助。

抚慰心灵的话未必能真正改变什么，莉齐依然没能在希望的时间回家，依然错过了喜欢的电视节目，改变的只是她的感觉，以及她在商店里度过剩余时间的方式。通常，我们习惯采用的谈话方式往往会否定孩子的想法，下面我们来看看，如果我"慈爱而温和"地否定莉齐的想法，将会出现什么情形。

假设看到莉齐躺在地上哭时，我问："你为什么哭？"问"为什么"会让孩子产生防备心理，意味着我们看不出她有什么理由哭泣，然而，孩子们通常相信引起他们哭泣的原因显而易见；同时，"为什么"还暗示出对哭泣孩子的责备："为一点儿事闹成这样，你是怎么回事？"

出于示范的目的，让我们假设，对于我的问题"你为什么哭"，莉齐的回答是："我想回家。"

"我相信妈妈很快就会好的，"我这样说，"想看看这里的东西吗？"

乍一看，最后一句的话题转换似乎没有什么不妥，然而事实上，它否定了莉齐的感受，不是一次，而是两次。第一，对莉齐来说，妈妈花了很长的时间购物，而我随意推测这一过程会很快结束，否定了莉齐的急躁；第二，我试图转移莉齐的注意力的举动似乎是在说："让我们假装你没有感到难受，而是过得很开心。"这否定了她

第一章
抚慰心灵、沟通情感的交谈

表达自己的感受，诉说内心的烦躁和心愿的要求。

如果莉齐愿意转移注意力，她也许会很快停止哭泣。然而，由于她的不悦仍然很强烈，她的感受依旧没有得到肯定，无论多么吸引人的事物，都不能满足她的情感需求。

出于讨论的需要，让我们假设，莉齐不喜欢我为转移她的注意力所作出的努力，反而哭得更加大声："我要看电视节目，我要回家。"

"你可以改天再看这个节目，"我继续否定她的感受，"而且，看太多电视对你不好。"

这样一来，我和莉齐之间的距离会愈发疏远，以至于她只想躲开我。我无视她的焦躁，不理会她的挫败感，试图转移她的真实感受，暗示她没有理由感到不安，因此，莉齐不会再向我表达她的感受和需求。在她眼里，我并不站在她这一边。

我和莉齐的谈话很难再继续下去，否定解决不了任何问题，只会增加她的不悦，因为孩子自然地想维护自己的立场，最终，她会找到一个办法摆脱我，并且心情比刚才更加难过。

当孩子意识到他可以诚恳地表达自己的感受、放心地说出自己的想法，也看到家长重视他的看法后，常常会自己创造出解决问题的办法，或者平静地接受现实。相反，当孩子的感受被否定，并且没有能力解决眼前的问题时，他只会感到生气，觉得自己受了委屈。

在假设的情景中，我的行为使莉齐不满，她一定会把愤怒的情绪转移到母亲身上，加剧自己和母亲的不悦。相反，在现实中，我的出现让莉齐感到安慰，她的感受得到了肯定，于是，她可以平静地接受不能看喜欢的电视节目这个事实。

肯定孩子的情感有效果吗？

"我肯定了她的情感，可是没有效果。"安妮说着，绝望地叹了一口气。

"你是不是想通过肯定来阻止女儿发脾气？"我问。

"是的，"安妮说，"可她还是不肯把积木收起来。"

肯定是目的，不是手段，不是我们用来改变孩子情绪或行为的工具。相反，肯定情感、专心聆听，是我们让孩子安心说出自己感受的方法，是我们表达爱与亲密的途径，肯定的结果是让孩子放心地去体会自己的感受，并将其充分表达出来。

肯定所产生的直接效果很可能是更加强烈的哭泣、发脾气，或者其他自我表达形式。在莉齐的实例中，当我肯定她的情感后，她更加伤心地哭泣、发泄自己的不悦，只有在她哭完、讲出她的需要时，她才冷静下来，面对现实。如果这样的肯定来自父母而不是陌生人，孩子可能会哭更长的时间，连同以前郁积于心中的压力一同释放出来。在情绪和感受得到肯定后，孩子也许会哭得更厉害，或者更加生气，因为你的肯定等于默许他表达内心最深处的感受。可是，一旦完全表达出来，孩子往往会很快忘记这件事，心中不会留下一丝阴影。

有时候，肯定的确能够立刻产生效果，因为问题是临时性的，孩子很快就得到了安慰。但是，如果孩子哭得更加伤心，你一定要陪在他身边，不要激起他的不悦，而要提供爱与肯定，满足他释放的需求。如果孩子的强烈表现让你不舒服，提醒自己，你的责任不是让自己舒服，而是让孩子信任你、信任自己。通过这样的自我认知，孩子开始了解和信任自己，他对自我感受的表达，即便是激烈的表达，也不再感到害怕。

在肯定孩子情感的过程中，不仅孩子清晰地了解了自己的感受和需求，你会发现自己也开始理解他，彼此都感到心意互通、情感交融；你将逐步开始尊重孩子自身的成长之路，同时更加清晰地领悟自己的育儿之路；你与孩子之间会逐渐培养出深刻的信任，而且在今后的生活中，孩子会一直带着信任对待他人。要知道，信任自己、不惧怕表达自己感受的孩子能够乐观、善良地看待人生的起起落落。

在肯定孩子情感的时候，要避免表现得过于夸张，或者加入自己的情绪，因为夸张的表现很可能让孩子更深地沉浸在委屈里。面对我们的和蔼态度，当他的情绪充分发泄出来以后，他会认识到自己的"夸张"表现，自然觉得自己可笑，至少会转换成积极的态度，不再继续纠缠下去。莉齐和哥哥面对现实找回了平静，因为他们充分倾诉了自己的感受，同时，他们的情绪也没有被推波助澜。我避免表现得夸张，没有对眼前的情形作评价，也没有提供解决问题的办法。当得到态度和蔼的肯定后，当他们充分表达出自己的感受后，孩子往往能够很快地跳出悲伤、忘记不快。

S. A. L. V. E. 沟通原则

很多家长希望我明确地告诉他们，如何才能将态度由否定变为肯定和鼓励。S. A. L. V. E. 原则是一个很好的工具，能够帮助你转变态度，肯定孩子的情感经历，让他真实而充分地表达自己的感受。

　　S（Separate）——分离　用心底的自言自语将自己与孩子的行为和情感分离开。这是最困难的一步，一旦你能够做到，剩余的事情自然水到渠成。要注意，当孩子的举动引起你的反应时，一些语言会自然而然地涌到你的嘴边，这个过程就像是电脑的自动运行程序：孩子做了某件事，你心里的反射机制立即启动。如果这些话不冲口而出，就不会造成任何损害。如果你感到烦躁，按照下意识的想法去说、去做，只会使情况恶化。它们并不是你真正想说的话，不能代表你的真实意图，因为那并不是你乐意看见的，证据是：事后你会对自己的言行感到懊悔，而这些言行在你与孩子之间竖起了一道墙。

　　为了避免伤害孩子，你要让那些自动跳出来的话默默地在脑子里盘旋，提醒自己不要脱口而出。把所有想要表现的东西都隐藏在心里，包括脸上的表情、想要采取的动作，以及对过去的回忆，这用不了一分钟的时间，而且不会伤害任何人。你的感受只是你自己的事，不是你发脾气的理由，告诉自己，现在的你不是真实的你。

　　开始时，审视自己的思想需要的时间不只一分钟。先做到提醒自己，不去理会脑子里的念头，把你的想法写下来，以便稍后可以更加全面地分析。在这段时间里，你的情绪会得到更好的控制，这样，你就可以依序进行以下的步骤。

审视思想：

　　★确认那些使你烦躁、气愤、担忧或不满的想法的真实性。它们

抚慰心灵、沟通情感的交谈

真的是你想说的话吗？你真的那样认为吗？扪心自问，你并不一定赞同"她永远也不长进""他不应该那样""她应该学会负责任"之类的话。也许是常常听别人这么说，也许是出于你的担忧、你的记忆，或者你对自己的期望，无论是哪一种，它们都妨碍了你爱孩子、了解孩子本性的能力。

★提醒自己，如果对这些念头信以为真，会造成什么后果。在心里想象一下，当你遵循这些想法后，会怎样对待自己的孩子。

★考虑一下，如果不受这些念头的影响，你将会有什么样的表现。没有它们的干扰，你可以自由地面对孩子，而不是面对你的思想。试着设想一下，你与孩子面临同样的状况，但是没有促使你否定和控制孩子的想法时，又会是怎样的情形。这些想法并不会凭空消失，你只需要想象它们不存在，这样，你的真实的、无条件的爱自然会浮现出来。

★想一想，把你对孩子的想法用在自己身上，是否也一样恰当。我们往往从自己的角度出发来看待别人，其实，"他不应该那样"未尝不可以变为"我不应该那样对待自己的孩子"，"他永远也不长进"同样可以用来要求你检讨自己学习做家长的步伐，"他应该学会负责任"反过来可以很好地指导你对自己的情绪和生活负起责任。

一旦认识到这些想法有误导作用，你会发现真正的自己，发现无条件的爱，你将不再陷入对孩子的担忧焦虑中，而是始终如一地给予孩子纯粹的爱。在清除纷扰的思想后，你的本性将会无遮无拦地熠熠发光，使孩子沐浴在爱的光芒里。

A（Attention）——关注　关注你的孩子。当你默默地在内心与自己进行对话之后（这一步与你的孩子无关），再把注意力从自己身上转移到孩子身上。

L（Listen）——倾听　倾听孩子的诉说，了解其行为的含义。倾听，再倾听，眼神交流和适当的提问可以提供给孩子诉说的机会。如果孩子采用语言之外的方式表达，就让他知道你对他的理解。

V（Validate）——肯定　肯定孩子的感受和合理需求，不要夸张，也不要加入自己的理解。倾听和肯定是组成爱的元素，当你成功地做到之后，就在你和孩子之间搭建起了一座桥梁，你会发现真实的自己，会感受到孩子的依赖。

E（Empower）——鼓励　鼓励孩子处理自己的情绪，不要插手，完全信任他。对他的能力表现出信心，不要紧张，不要匆忙为他安排好一切。当感到自己有能力、被信任，而且不受父母的期望和情感干扰的时候，孩子会想出自己的解决办法。情绪会妨碍能力的发挥，当这些情绪充分释放后，孩子会摆脱影响、恢复思考，要么忘记眼前的需求，要么找出解决办法，他会迅速而自然地开始审视自己的思想，与你刚才所做的一样。

九岁的克林特在伤心地哭泣，因为他的姐姐乔伊不肯和他下完"强手棋"（Monopoly）。"我想下完这一局，我马上就要赢了。"他嚷着。

他们的母亲埃拉想要强制执行"公正"，不过，她先花了一点儿时间将自己的反应与孩子们的争论分离开，默默地在心里和自己对话（S. A. L. V. E. 中的S）。她想象自己呵斥乔伊，指责她不考虑别人的感受、不爱护弟弟，命令她完成游戏。接着，她在脑海里审视这个想法，很显然，它不是事实。她的女儿根本不是不爱护弟弟，而且女儿能坚持自己的主见是一件好事。这样一来，她把恼怒的念头抛在一边，开始关注（A）克林特，倾听（L）他的感受。

"看来你很高兴有一个获胜的机会，不能完成这局游戏是不是让你很失望？"

"我气死了，我想下完这一局。"克林特坚持自己的意见。

"我听说你想完成这一局，而乔伊不愿意。"

"我马上就要赢了，所以她不肯再玩。"克林特说。

埃拉继续肯定和倾听，但是不帮助克林特改变现实。她鼓励他，却不插手，仿佛在说："我听到你的想法了，我看不出有什么问题，你自己可以解决。"

过了一会儿，克林特发泄完毕，开始讨论另一个不同的话题。

克林特的感受得到了倾听，而且母亲肯定了他的感情，因此，他感到自己与母亲心意相通，并且在意识中强化了这一点。埃拉没有表现夸张，没有掺入自己的情绪和观点，而是信任他，始终陪在他身边，这让克林特可以抛开不悦，继续别的事情。

幼儿与感情丰富的语言

谈论悲伤、不悦或失望等感受，幼儿也许无法领会，相反地，承认事实却能让孩子觉得情感得到肯定。在一次电话交流中，一位母亲讲述了她带女儿离开游泳池的经历。

奥娜（五岁）离开游泳池时拼命大哭，因为她想再多待一会儿，而游泳馆就要关门了。她的母亲多娜穿好衣服作离开前的准备，当她给奥娜穿衣服时，她通过陈述事实的办法肯定了孩子的感受：

"你喜欢玩水，你是不是想再多待一会儿？"

奥娜回答："是的，我还想跳几次水。"

多娜接着说："我知道，你还不想离开游泳池，可是工作人员要我们离开。"

奥娜停止哭泣，说："我喜欢游泳池。"

"是的，"妈妈说，"你不想被赶出来。"

"妈妈，"奥娜平静地回答，"没事了，我想回家。"

多娜仅仅是陈述事实，而奥娜轻易地感受到妈妈与自己心意相通，对妈妈的表现非常满意。孩子本身不会执著于痛苦的感受，他们勇于前进，对他们来说，每一种感情都没有历史负累。要避免教给孩子们"沉溺于痛苦中"这类成年人对待问题的方式——成年人常常不停地纠缠于一个问题，试图让他人感到愧疚，甚至责怪文化、责怪政府。我可以肯定地说，你不想把这种技巧传授给孩子。要肯定他的情感，同时希望他能够继续，希望他不要太在意自己的情绪。情绪是一种释放形式，就像流汗和排泄。情绪需要得到承认，这样它们就不会妨碍正常的心理活动，就像汗水需要被擦去一样。一旦对被理解的渴望得到满足，孩子就会抛开不悦、继续前进，而这种继续前进的能力还能防止他执著于某一事件，或者将之转化为一种情结，避免对他今后的人生造成负面的影响。

当肯定变成一种侵犯

有时候，肯定情感可能会影响孩子的私密感和自主性。当他的不悦是因你的语言或行为引起时，他会将你表达关心的话语当成侵犯，也可能无缘无故地讨厌你对他的肯定。他需要自主选择是否表露情绪，也许不想让别人提起自己的不悦。事实上，孩子是在说："当我不高兴时，不要理我，不要对我说你理解我。"当孩子需要默默地聆听时，我们所说的任何话都可能令他难堪。

五岁的安珀正在用积木搭建一座塔，塔倒了，她很不高兴。这时，奶奶走进房间，肯定了她的情感："哦，你是不是觉得很沮丧，是不是希望它不要倒塌？"

安珀将其他仍然立着的积木一起推倒，尖叫道："什么也不要说！！！"

奶奶静静地坐在那儿，意识到了自己的错误。

安珀一屁股坐在地上，生气地把积木推得到处都是，大声喊着："积木是笨蛋，地板是笨蛋，我是笨蛋！"接着，她把积木四处乱丢。奶奶沉默不语，但一直陪着她。安珀充分发泄完自己的情绪，然后站起来，拣回积木，平静地搭建了一座塔。

沉默并不意味着漠不关心。给予孩子充分的关注，但不要付诸语言。对孩子来说，在他难堪或害怕的时候，提起他的感受同样会令他不悦。在这种情况下，你可以什么都不说，只是保持关注，也可以通过揭露自己与之相似的难堪经历让孩子得到安慰,我的客户阿迪就是这么做的。

当阿迪在院子里做园艺的时候,他四岁的女儿露西走进屋里,给自己倒了一杯牛奶,且将一些牛奶洒在了厨房的桌子和地板上。当阿迪走进屋,看到泼洒出来的牛奶时,差点儿脱口而出:"为什么不让我帮你?你知道自己做不来。"可是他及时控制住了自己,深吸了一口气,提醒自己默默地把这句话在脑子里想一遍(S. A. L. V. E. 中的S),明白它对自己毫无益处。接着,他把注意力(A)转向露西,意识到她是为了尽量不干扰他做事才没有寻求帮助。他靠近她,高兴地说:"我看到你给自己倒了一杯牛奶。"

露西回答:"是的,还洒了一些出来。"她抬起头,疑虑地看着父亲。

"我在爷爷家也做过这样的事儿,"他说,"我弄洒了果汁,当时觉得自己好笨,可是爷爷微笑着递给我一条毛巾,很容易就能擦干净的。"

露西跑出厨房,拿来一条毛巾,递给父亲。那不是阿迪平常用来擦地板的毛巾,但他还是微笑着接过来,将洒在地板上的牛奶擦干净。

阿迪肯定和赞赏露西给自己倒牛奶的行为,对待她的态度如同对待一位不小心洒出牛奶的客人。通过坦承自己的尴尬,阿迪肯定了露西的情感,却没有用语言直接点破她的情绪,而露西认识到连父亲也会偶尔出错,心里感到宽慰了不少。并且当露西拿来那条

"错误的"毛巾时，阿迪没有批评她，也没有去更换。在这个例子里，泼洒出来的牛奶创造了父女之间情感联系的纽带，孩子的自尊也得到了良好的维护。

生气的情绪，爱的语言

有时候，尽管我们的本意是表达爱和关心，可是我们对待孩子的情绪却是生气，甚至是厌恶。触发情绪的事件不见得很重大，我们每个人都有关于痛苦和羞愧的记忆，在面对略微相似的情形时，就会很自然地浮上心头。

我们不一定会清晰地回想起某件事，然而与这些经历相关的情感却如洪水般涌来，这个时候，应该运用 S. A. L. V. E. 原则（分离自己的情绪、关注孩子、倾听、肯定、鼓励），其中第一步尤为重要。

愤怒或强烈的反应倾向于掩盖其他一些痛苦的感受，这些感受我们往往没有意识到，因为恐惧和不悦深深地根植在过去的经历中。如果你小时候不能安全而自由地悲伤、哭泣、获得关注、充分表达自己的感受，那么你很有可能长期压抑这些情感。如今你的一切反应都是自动产生的——痛苦的感受被立即压制，愤怒挺身而出，因为这样更容易被接受，而且由于害怕受伤，你不愿展示悲伤和眼泪。

然而，愤怒并不能满足我们的释放需求，因为它以责备为焦点。将注意力转移到自身之外（责备他人）会阻止我们发现自己的脆弱感受。如果不认真审视引发愤怒的想法，我们永远无法摆脱这种桎梏，而且往往会越来越愤怒，越来越深地陷入受害者（责备他人）

的身份。

面对孩子出乎意料的举动，先想一想再作出反应（与自己对话）。一些话不要不加考虑地脱口而出，因为它们非常可能伤害你的孩子，激化你们之间的紧张关系。尽管这些话并不会从你的脑海里自动消失，但你可以学习仅仅把它们看做是一种想法，而不是事实。在这一过程中，你甚至可以寻求孩子的帮助，让他提醒你，"别着急，妈妈"或者"再想一想，爸爸"，也可以给孩子一面"旗帜"，让他朝你挥舞，这些事先商量好的关键性信号能提醒你"暂停"一下，把内心活动和孩子面临的问题以及真实的自己分离开。先处理好你的情绪，你就能从容地把注意力集中在孩子身上。

孩子是引爆你愤怒的导火线，而不是令你产生愤怒的原因，他不应对你的情绪负责。孩子的行为启动了你内心的程序，要求你依照它编排的内容去做，虽然这个自动发生的反应，你无法选择，但是你可以选择是否遵从它的指示。你可以倾听自己的内心，排解冲动，以便更好地关注孩子，不受习惯反应的干扰。如果花一点儿时间分离自己的情绪，你会意识到，那些让你愤怒的想法并非你的本意，而且与眼前的情形没有关系。这样，你就能够轻易地把它们放在一边，将全部注意力集中在孩子身上。事后，你也许想要找一个人倾诉，一个朋友或者一个咨询师，以便帮助你完成对自己想法的审视。你也可以独自完成，写下每一个引发愤怒的想法，确认它们是否是事实、让你有什么感受、促使你采取了什么行动，以及没有这些想法的干扰你的反应又会如何。接下来，仔细想一想，你对孩子的期望和评判是否一样有助于你自己的成长。

不要对自己过于苛责，关键是不要批判自己的思想和想象，它

第一章
抚慰心灵、沟通情感的交谈

们不能反映真实的你，与你想成为理想家长的愿望不符。花一分钟左右的时间，在心里充分表达自己的感受——你可以想象自己朝孩子叫嚷、打他、责骂他、威胁他、惩罚他，以及任何想对他做的事，并把这些情景在头脑里像放"电影"一样过一遍，直到你发泄完毕、感到满意为止。然后，你可以问自己，你的怒火是否确实由眼前的事件引起，它们能否反映真实的你。我相信，你会非常高兴自己没有按照"电影"里的情节去对待孩子。

只需花费很短暂的时间，你就能够把自己从愤怒中解放出来，并恢复力量和关爱。你已经审视了自己的思想，释放了自己的愤怒，如果你愿意再花一分钟的时间，请写下你的想法，确认它们是否真实。经过这个"确认真实性"的过程，你能够更加清楚地认识到眼前的情形，以及孩子单纯无辜的意图。一位接受我的建议的母亲讲述了下面这个故事。

当温迪小睡时，九岁的艾莫利决定给她一个惊喜，做好当晚赴一个家宴时要带的意大利千层面。

温迪醒来后，走进厨房，准备做千层面，却发现艾莫利浑身沾满番茄酱，脚下也踩着一摊番茄酱，操作台上到处散落着豆腐和乳酪，一只烤盘里装满了竭力想做成千层面模样的东西，可是在她看来，更像是番茄汤里泡着一堆压碎的土豆。

温迪差点儿就要大发雷霆，因为她来不及赶在赴宴前收拾这团杂乱的东西，并再做一份千层面。她深吸一口气，开始了S. A. L. V. E. 程序。她看见自己厉声叫嚷、责骂，把艾莫利拖出厨房，禁止他去参加晚宴。等愤怒的话语和想象中的画面在脑海里默默地播放完毕后,她把注意力放在艾莫利身上。她还没来得及说话,艾莫利就开口说道:"妈妈,我做好千层面了,只要烤一下,再把这里收拾干净就行了,你可以再去睡一会儿。"

温迪意识到孩子这么做是出于爱,她微笑着说:"谢谢你,真让我感到惊喜。我现在精神很好,帮你一起收拾,好吗?"

艾莫利接受了妈妈的帮助,温迪也注意到,千层面其实并不像她生气时看起来那么糟。艾莫利为自己感到骄傲,而温迪学到了非常有价值的一课,母子俩共同度过了一个愉快的夜晚。

温迪不仅转移了注意力,高兴地看待孩子的举动,而且她的沉默也让孩子有机会先开口,使得一切问题迎刃而解。在不高兴时,我们往往不考虑事实和孩子举动背后的真正意图,就草率地得出一个结论。稍微等待一会儿,让孩子先说话,可以避免愤怒升级,同时让你对形势有更加清醒的认识。

要记住,无论是生气还是高兴,都要花费相同的时间来清理孩子造成的混乱。这样一想,你在焦躁的时候就会比较容易控制自己、展现爱心。如果我们不用语言引发孩子的愤恨和羞惭,他会觉得被重视、被珍爱、被欣赏,这些联结亲子心灵的情感让我们与孩子在一起的时光变得可贵。

向孩子提出要求

有时候,我们想要求孩子做一点儿事,比如洗澡后挂好毛巾、结束一通很长时间的电话、到别的房间去玩闹,或者进屋前脱掉沾

第一章
抚慰心灵、沟通情感的交谈

满泥巴的靴子。在这种情况下，我们选择不同的用语会产生不同的效果：可以指责他，让他感到羞愧；可以创造互相体谅、互相关爱的氛围。很长一段时间，责备和羞辱还一直是控制孩子的工具，它们不能带来温馨和关爱，只能引起源自恐惧的顺从。很多人想起童年时，一些典型的话语仍然在他们的脑海中回荡，比如"我跟你说过多少次了？""你是怎么回事？""你把一切都毁了！""如果你不……看我怎么教训你！"

有时控制的形式更加委婉，当父母说"杰米是个好女孩，我知道她会帮助你"的时候，我们觉得不得不服从，虽然不明白为什么。如果我们达到父母的要求，就会得到表扬，反之则会受到冷落。我们被教导爱父母就意味着照他们说的去做，我们收到食物、赞扬、爱、特权或礼物的贿赂，我们被各式各样的强制性手段操纵，这些诱使孩子服从的方法同样是控制，只是较为隐蔽而已。被此类方式控制的孩子常常感到困惑：为何这些看起来如此温柔、关爱的举动，却让他们感到自己渺小、羞愧、不真诚。

一代又一代的人在对父母言语的恐惧中成长，终于，我们开始给予孩子我们曾经渴望的尊严。想要结束希望孩子照家长意思做的旧观念并不容易，这需要责任心、反复实践和良好的自控力。在要求孩子做一件事前，先停顿一下，问问自己："我会怎样对一个成年朋友提出这个要求？"或者"我会对一个成年朋友提出这个要求吗？"你会发现，这样做很有益处。

在这种新模式里，孩子没有义务满足我们的需要，对于我们的要求，他们可以自由地作出选择和响应，我们应该做的是尊重他们的选择，认识到他们的能力有限，并理解他们的想法。我们的工作是与孩子交流，就像和成年朋友交流那样，而不去暗示他们照自己说的做。如果我们的要求不被满足，要么带着尊重接受，要么告诉孩子，我们理解他的选择，然后一起讨论，看双方的需要是否有可能同时得到满足，或者能否找到一个彼此都满意的解决办法。

真诚地提出你的要求，如果是出于自己的利益，不要装作是为了孩子好。比如，希望房间保持干净的人是你，而不是孩子，你想教他做清洁，可是孩子不愿意学。过早的教育就像早产，会令你付出代价——减缓学习过程，并在你与孩子之间竖起一道不信任的墙。要信任孩子的逐步成长过程，并真诚地提出你的要求："我需要房间保持干净。"孩子也许会帮助你做清洁，也许不会，但是他会了解你喜欢井井有条的环境，最终，他也会变得爱干净（或者愿意找一个爱干净的人共同生活，这也很好）。

承认孩子的天真无知，提出要求前要三思而行。如果你蹒跚学步的孩子穿着沾满泥巴的鞋走进屋子，踩过地板，他不会意识到有什么不妥，你可以简单地陈述事实："你的鞋子把地毯弄脏了，让我帮你脱掉。"然后把地毯打扫干净。

当你开始清洁地毯时，孩子也许会选择帮忙，也许不会，他是否参与清洁并不重要。强迫他帮忙只能让他感到沮丧、怨恨、羞惭，这些痛苦的感受会阻碍他产生真心提供帮助的愿望。相反，没有负担地看着我们做清洁，或者轻松离开，稍后看到房间整洁清爽，会使孩子更容易在潜移默化中接受我们的习惯，最后主动选择与我们分担。如果孩子选择帮忙，不要批评他，不要帮他，也不要在他做完后当着他的面重做一次。你也可以请他帮你拿来扫帚，但要避免操纵他。请记住，他可以自行决定是参与，是旁观，还是转身走开。

在遭到训斥时，小孩子常常会被家长的激烈情绪和批判吓坏，以至于领会不到话语里的交流本质。即使是用略带严厉的口气说出的妥当话语，或是用最甜蜜口吻说出来的责备，也会对孩子的情绪造成巨大冲击，令他无法把注意力集中在眼前的事物上，内心充满受伤和恐惧。只有当孩子感觉到毫不隐藏的爱，感觉到他的自尊完整无损时，才能更好地意识到大人的诸多习惯和需求。孩子不需要我们帮助他学习如何与我们共同生活，而是需要我们信任他，不要妨碍他的学习过程。

如果你运用了 S. A. L. V. E. 原则中的 S，剩余的部分自然会顺利实现。一旦你审视了自己的情感、与自己对话、不按照一时的冲动行事，那么你内心关注的就会是孩子，而不是自己的情绪和反应。无论是提出要求还是面对内心的不悦，只要你给予关注，就会与孩子情感相通，从而清楚该如何去做。

重来一次

"如果我记得按照 S. A. L. V. E. 原则去做当然有效果，"一位心存疑虑的父亲说，"可是如果我忘记控制自己怎么办？如果我的怒气突然爆发了怎么办？"

事实上，改变习惯确实很不容易，人们常常会回到旧的行为模式中。为了将自己从习惯性的"否定者"转变为"肯定者"，你需要一定的时间和实践。先从注意自己的否定性评论开始，不要急着尝试改变，不要因为否定了孩子或配偶而责备自己，首先要温柔、耐心地对待自己，在这个基础上一点一点地进步。事情发生后，审视自己的思想，让想说的话慢慢地通过大脑，给自己赢得一些时间，通过思考这些话与眼前情形的相关性，你会有更加清晰的认识。感觉一下，没有这些想法你会如何表现，然后看看你对孩子的期望能否同样应用在自己身上，这样一来，你自然会爱自己、爱孩子。

经过定期练习，你将渐渐学会说到一半时停止，并转换思维。当事情发生时，你已经认识到了自己的错误，那么，回过头去，"重来一次"。

我们知道，排演戏剧时，令人不满意的场景应该重新表演一次，同样的，你也可以对孩子说："重来一次！我想重演最后一幕！"通过练习，你将会及时控制自己的情绪，把否定的话语咽进肚子里，用倾听的态度和敞开的心扉面对孩子。一位参加过我的研讨课程的父亲就重复了一次他回到家后的过程。

诺姆走进家，看到一堆破裂的纸板箱和压碎的蜡笔乱七八糟地散落在地板上时，他开始抱怨屋里一团糟，要求孩子们立刻清理干净。最小的孩子米兰达哭了起来，她的哥哥利昂说："可是，爸爸，我们正在做游戏。"

"这算什么游戏，你们毁了这些箱子和蜡笔。"诺姆大声嚷着。突然，他停止叫喊，说道："重来一次！让我们从头开始。"

诺姆戏剧化地转身走出门外，然后微笑着重新走进来。"嗨，孩子们，今天过得怎么样？"他吻吻每个孩子，然后吻吻妻子，接着说，"哦，看看这些，你们在做什么？"孩子们连忙向他解释游戏的内容，房间里恢复了温馨愉悦的氛围。

第一章
抚慰心灵、沟通情感的交谈

掌握这样的技巧需要一定的时间和练习，毕竟，我们都是在一种习惯性地否定孩子的文化中长大的，这种文化教会我们按照脑海中自动冒出来的话去说、去做。我们不假思索地否定孩子，而这些否定的话语甚至无法代表我们的真实想法和感受。我们表现出的不是真实的自己，然而，如果你因为这些自然产生的想法而责备自己，对问题并没有任何帮助。教育孩子的同时，你也在完善自己，不要对自己太苛刻。和自己订一个简单的协议：生气的时候，不要说出最先闯入脑海中的话，否则一定会否定、伤害他人。等你能够控制自己的时候，立即"重来一次"，即使你已经发泄了很久，甚至即将结束。亡羊补牢，为时未晚。

把否定的话控制在脑海里，这就像是搭积木，一步一步地将你转变为善于肯定、和蔼可亲的沟通对象。也许，要控制自己不说出否定的话，哪怕只是偶尔能成功，都需要花费几个月的时间，可是最终它会代替你的旧习惯，避免你失去控制力并重蹈覆辙。

如果曾经学习过外语、乐器，或者其他某种有难度的技能，你就会知道，掌握任何本领都需要经过相当长的时间和反复的练习。练习并不能带来完美，却能产生持久，虽然你的旧习惯在这些年来经过多次的练习早已变得十分牢固，但要让你的孩子知道："在这方面我是新手，还在不断地学习。"

肯定非语言的沟通

对于任性、好斗、孤僻等不乐意用语言分享自己感受的孩子，日常生活中也有很多能够肯定他们情感的机会。在一次咨询过程中，一位母亲丽贝卡向我讲述了她与孩子成功交流的故事。

丽贝卡注意到，她的儿子乔希放学后怒气冲冲，于是说："我不知道你的情况如何，我记得在我读五年级的时候很讨厌我的老师，也没有什么朋友，对我来说，那一年过得真痛苦。"乔希振作起精神，问了几个问题，然后说："今天老师批评了我，后来罗布和丹对我做鬼脸，休息时间不肯跟我玩儿。"

丽贝卡很谨慎，她没有询问孩子受到批评的原因，也没有指出孩子的情绪，相反，她不断地用中性的语言肯定孩子的经历："哎呀，真让人不愉快。"乔希看出母亲理解他的感受，于是继续说："我讨厌老师，无论我怎么做，他都不满意。"

"你尽力了，可他还是批评你、责备你？"丽贝卡问。

"是的，"乔希回答，"当他批评我的时候，同学们就会嘲笑我，我讨厌上学。"

丽贝卡在乔希身旁坐下，慈爱地把一只手搭在他的肩膀上，她的碰触让乔希的情感与她贴得更近。乔希一边流泪，一边向母亲讲述更多的细节，以及学校里其他一些让他懊恼的事，还有他与姐姐的关系。讲完之后，他感觉好多了，母子俩更加亲近，他们开始一起商量解决问题的办法。

在接下来的几个月里，全家人一起研究了让乔希接受家庭教育的可能性，最后乔希选择完成这一学年的课程，而第二年在家自学。

了解父母也经历过排斥、孤独、恐惧和失败的感受，对孩子们很有帮助。一位父亲与儿子分享了自己童年的记忆，一周后，孩子

第一章
抚慰心灵、沟通情感的交谈

开始慢慢敞开心扉。

孩子们从不拒绝交流,即便有时候他们不愿使用语言。有的孩子在想象的游戏中表达出自己的恐惧,或者表现为与兄弟姐妹不合、尿床、无法集中精神、易怒、好斗,而有的孩子则会封闭自己的情感,蜷缩在个人空间里,长时间沉浸在痛苦中不能自拔。与喜欢用哭闹表达自己感受的兄弟姐妹一样,自我封闭的孩子同样拥有强烈的感情,然而家长们却往往容易忽视。

无论是善于表现的孩子还是喜欢封闭的孩子,都需要表达自己的感受,这样,情绪就不会郁积在心里。如果深深地陷入一种没有释放的情感中,常常会将情绪放大、夸张,还会对情感的自由表达造成长期阻碍(请注意那些让你感到害怕或者产生其他心理障碍的事情,在它们背后一定隐藏着你过去的一段故事)。在后面的章节里,你将学习如何提供机会给孩子,让他释放无助压抑的感受,本章则着重讲述能够创造情感沟通、轻松谈论痛苦感受的各种机会的方法。

沟通的失去与转变

当发生无法改变的事件时(死亡、离婚或生病),坦率的沟通是疗伤的最重要方法。如果一个孩子孤独地封闭自己的内心世界,这些打击就会造成长时间的影响,因为他可能给自己贴上痛苦的标签,从悲剧的角度看待自己的人生。需要让他明白的是,有这样的感受、这样的想象都是很正常的,通过表达这些感受,他会发现它们并不是他的标签,这样他就有能力将真实的自我与引发痛苦的思维过程区分开来。

没有必要保护孩子避免不可回避的伤害，但非常有必要与他交流感受。一位母亲告诉我，她原计划在设法弄到一只猫之后，再把以前的猫死去的消息告诉三岁的女儿。然而，在我这里作过咨询后，她改变了主意，当天就把猫的死讯告诉了女儿。她认真地倾听了孩子的感受，惊讶地发现女儿并不想再要一只猫。

每天抽一点时间，谈谈新发生的事，与孩子分享回忆，让他明白，哭泣、回想并说出感受是面对强烈痛苦时的正常而健康的处理方式。当孩子或幼儿通过游戏、艺术或肢体语言表达苦恼时，一定要接受并肯定这种交流。但是很重要的一点是，不要对孩子的表达加以夸张、渲染，以便他可以自主地选择什么时候停止宣泄，并把注意力转移到别的事情上。

如何表达懊悔才能令孩子感到安慰

孩子和成年人一样，无法从一句简单的"对不起"中获得满足，他想让你明确表示你明白他遭遇了什么。比如："你还在玩水，游泳馆就要关闭了，你不肯离开，而我把你拉出了游泳池。"在他向你讲述自己的感受之后，问问他，下一次遇到同样的情况时，他希望你怎么做。

有时候，家长会盲目道歉，尽管他们并没有做错什么。比如："对不起，可是你不能吃糖。"在孩子看来，爸爸真的很"抱歉"，由于"难过"，爸爸不会坚持禁止自己吃糖。事实上，孩子非常愿意帮你解除"难过"，自己得到糖果。这种不真实的信息会令孩子迷感，相反，诚恳地说出实情才能让孩子明白其中的原因。不要简单地告诉他什么能做、什么不能做，因为这代表着控制和否定，要用关切的语言告诉他你的意见："我不想让你吃这种糖，因为它不健康。"当我们明确地说出原因时，孩子更容易听从，或者他会提出一个更为清晰的要求："我能吃一块健康的糖吗？"

我们愿意用行动和语言表达歉意，但是，当我们说"我很抱歉伤害了你"时，无异于自作主张地替孩子承担表达情感的责任。尽管我们对自己的所作所为感到懊悔，也意识到这引起了孩子的痛苦，但我们必须保障孩子的正当权利，让他成为自己感受的唯一表述者。此外，当我们暗示自己引起了孩子的痛苦时，就等于说他很脆弱，不能控制自己的反应。我们这样做的结果是，孩子会渐渐地把自己当做受害者，将自己的情绪归咎于他人。

很显然，你的孩子对自己的反应几乎没有控制力，然而，他是自己一切感受和行为的源头，如果我们在言谈中承认他是自己感受的主宰者，他就会渐渐培养出达观的性情，找到更多的选择，控制自己的反应。

为了避免向孩子灌输本不属于他的情绪，应该让他主动地作出反应。

一位母亲告诉我，当面对一场在她看来完全可称为灾难的事故时，儿子的反应让她十分惊讶。孩子的父亲删除了一个电脑文档，原因是它没有标题。他知道那是儿子的文档，是儿子正在编写的一个故事，但看到没有标题的文档让他很恼怒，他认为删除它可以给儿子一个教训。

发现自己编写的故事不见了，孩子表现得很沮丧，但并没有生气。母亲愤愤不平地问："你不觉得爸爸至少应该向你道歉吗？"

孩子平静地回答："不，没有关系，我可以再写一遍，而且比以前写得更好。"

"可是，难道你不生气吗？"她追问道。

"开始有一点儿，"孩子说，"可是后来我意识到，生气也没有用，改变不了任何事，于是我想这其实是一件好事。"

第二天，父亲说："我错了，不该删除你的文档，以后我不会不加询问就删除你的任何东西。"

孩子感到很满意。

当你意识到你的言行引发了孩子的强烈情绪，想要消除伤害、承认错误、了解他的感受时，你可以简单而直接地对他说："我刚才对你大声叫嚷，我不该这么做。"避免使用感情夸张的词语，以便他能够真实地体会自己的感受。持续地给予关注，让他自己找寻真相，如果他想诉说，那么认真倾听并肯定他的情感，但不要加以渲染。如果他不愿付诸语言，也许会通过特殊的动作或玩布娃娃、画画、安静地坐在你的大腿上等行为表现出来。等他充分表达之后，你可以简单地说出自己的感受："我很难过，因为我希望我们之间是互相欣赏、互相尊重的关系。"然后制订一个计划，以便今后能够做得更好，而且要让他知道。

在你避免自作主张地替孩子承担表达情感的责任时，或许会犯另外一个常见的错误，那就是对孩子说："很抱歉看到你这么难过。"这句话暗示你没有任何错，完全是孩子作出了"错误"的反应，这

第一章
抚慰心灵、沟通情感的交谈

通常会令孩子生气。坚持客观地描述所发生的事情，孩子会相信你，会知道你是在关心他，而不仅仅是想抵消让你感到懊悔的行为。

有时候，你或许觉得自己完全正确，毫无过错，没有什么可抱歉的，然而孩子的不悦就是确切的证据，说明你们需要互相沟通。你并不后悔把他从街上拉回家，可是如果他为此受了惊吓，而你又能主动承认自己动作粗鲁，认真倾听他渴望讲述的历险和趣闻，便可以重建彼此之间的信任。

矫正我们的过失不是审判案件，没有绝对的是非对错。如果你的孩子感到受了伤害，那么他的感受就是他的真实经历；如果你对自己的言行感到后悔，你的感受同样会留下真实的烙印。你的目的是在彼此之间进行沟通，澄清误会，搭建信任的桥梁。

五岁的杰西哭着来找妈妈，说十二岁的哥哥大卫弄坏了他的乐高汽车，杰西拼不好，大卫又不肯帮他。琳达来到他们的房间，责备了大卫，大卫不高兴了。

琳达打电话给我，说她做得很对，没有什么可道歉的，然而，考虑到伤害了大卫的感情，她意识到也许还有更好的办法表达自己的感受，她想与大卫沟通，明白他究竟在想些什么。

在下一次咨询的时候，琳达把她与大卫的沟通过程讲给我听。

琳达：大卫，在和娜奥米讨论了昨天发生的事后，我意识到，应该考虑你的需求。你能告诉我，在我责备你的时候，你有什么感受吗？

大卫：哦，没什么。

琳达：我说你不爱惜东西，你是不是觉得很难过？

大卫：也许吧，不过现在已经没关系了。

琳达：我同意你的说法，事情过了太久我才来问你，不过我想让你知道，我很后悔说那些话，如果我当时知道你的想法就好了。

大卫：嗯，嗯。

琳达：我觉得你不相信我是真的关心你。

大卫：你就是不关心我。

琳达想了一会儿，接着说：我很难过，但是你能说出自己的想法对我来说非常重要。

大卫沉默不语。

琳达：你愿意帮助我理解你的感受吗？

大卫：好吧。

琳达：当杰西哭着来找我时，你是不是很生气？

大卫：是的，非常生气。他就会哭，从来不说他自己做了什么，你总是向着他。

琳达：所以你很生气，希望我弄清楚究竟发生了什么事？

大卫：是的，至少不要插手干预。杰西从我的太空船上取走了几块乐高积木，去拼他的卡车，我让他还给我，我说我会用其他的积木重新拼一辆给他。

琳达：大卫，现在我明白了，我不分青红皂白地站在杰西这边批评你，你该有多么气愤啊。你能把这一切告诉我，我安心多了。我想，下一次我只会肯定杰西的情感，然后让你们两个自己解决问题。

大卫：那太好了，妈妈。

琳达：如果你们需要我帮着评理，我会听取每个人的说法，帮助你们找到一个合适的解决途径。如果我忘记这么做，你愿意提醒我吗？

大卫：哦，我可不想这样，不过，没问题。

琳达：我会尽量让自己记住的。

如果琳达只是说："很抱歉昨天因为积木的事批评你"，大卫不会相信她，只会更加生气。他会想："她以为只要说一声对不起，就能抵消她的做法，哼，根本不行！她总是护着他！"等等，并由此进一步肯定妈妈爱弟弟超过爱他。而琳达所做的不仅仅是道歉，由她发起的彻底的深谈让母子俩站在相互理解的位置上，搭建起了爱的桥梁，大卫的情绪也被消解了。

有些家长希望听到孩子"道歉"，如果没有如愿，或者孩子的道歉方式"不对"，就会心生不满。永远记住，只做自己的主人。培养和善的心态，学会珍爱你的孩子，无论他的能力是大是小，才智是高是低，学习速度是快是慢。当你发现孩子心怀愧疚，不敢与你沟通时，你可以主动提出问题并加以解决，为他卸下负担。比如，你可以说："丢了钥匙，你是不是很难过？"倾听他的感受，然后让他知道，"我会再给你配一把钥匙，我相信以前的那把总会找到的。我也时常丢东西，任何人都可能犯这样的错误。"一个拥抱，或者其他爱的表示，都可以消解他的紧张情绪。

当沟通适得其反时

有时候，我们肯定孩子、关心孩子，而孩子却似乎对我们的话很反感。尽管我们是出于好意，但也许会犯一些错误，引起孩子的怨恨和疏远。我们不能拘泥于原则，要敏锐地感知孩子的脾性，时刻尊重并欣赏孩子。

人们往往会有把任何想法都转变成控制工具的思想倾向，对此我们必须保持警惕。所有的沟通方式都有可能演变为控制手段，我们可以利用肯定来实行控制和操纵，也有可能在运用沟通技巧时，因为态度不够诚恳而引发孩子的愤怒。孩子能够感觉到我们的控制，尽管他们无法清晰地解释是什么让他们心里不舒服。

如果你完全不知道自己的言语为什么会令孩子疏远，请记住，当一个人感到自己的情感和言行被另一个人控制时，他会感到屈辱，并自发地启动防卫机制。维护孩子的自尊，不要对他抱有任何特别的意图，友善地与孩子沟通，不要期待任何回报，这样，孩子就可以自由地运用自己的方式进行表达。他或许愤怒，或许大笑，或许平静，或许暴躁，他可能会说出自己的感受，也可能沉默不语。当你除了与孩子沟通外不抱有任何目的时，当你不干涉孩子表达感受的自由时，你对待孩子的态度就不会是压迫和控制，而是真诚和友善。

第一个常见的错误是陈述（而不是询问）孩子的感受，这会让孩子觉得受到了侵犯。比如，孩子闷闷不乐地在家里走来走去，这时你说："你的好朋友去度假了，你一定觉得很烦闷。"也许你说的没错，可是这样直接地预测孩子的感受，会让孩子觉得你在居高临下地可怜他。

正确的做法是，你应该创造互动的机会，比如，问孩子："我能问一件关于你的事吗？"如果得到肯定的回答，或者看到孩子在等你开口，你可以从自己的观察角度提出问题："我注意到你一直在默默地走来走去，是不是有什么事令你不安？你愿意和我谈谈吗？"孩子不希望他们的内心世界、思想和感受成为家长评论的话题，因此你需要营造令孩子安心的氛围，然而，是否开口仍然要由孩子自己来决定。

如果孩子知道你关心他，能够倾听并肯定他的情感，而不是提出建议或横加批评，那么，他会愿意与你分享他的孤单、悲伤，或其他任何情绪。如果你的存在让他感到安全，他最终一定会告诉你困扰他的缘由。你可以流露出感兴趣的表情，让他知道你愿意聆听："吃完饭后我有时间，我们可以谈谈。"

如果你对这种方式感到陌生，而你的孩子已经习惯于隐藏感情不肯表达，那么你需要咨询专业人士，请他帮忙改善你们的关系。埋藏在心底无法发泄的委屈和愤怒会损害孩子的感情、智力及身体健康，每天审视自己的思想可以拉近你与孩子之间的距离。把你的不悦和烦躁写下来，执行 S. A. L. V. E. 原则中的 S 步骤，确认它们是否真实，是否与眼前的事实相关；分析如果遵照这些想法，你会怎么说怎么做；设想如果没有这些想法，面对同样的情形，你又会如何表现。忠实于自己的感觉，让心灵指引方向。经过这一番审视，你会发现自己犯下的错误，会抓住机会道歉并改正，以此重建你和孩子之间的信任。

总认为自己的所作所为是为孩子好，这种思想倾向是影响沟通的另一个障碍。我们需要完全信任孩子，当孩子感到被爱、被珍视，能够自由地表达感受和想法时，他们自然会懂得如何照顾自己，如何充分地与他人沟通并表达自己的需求。如果我们像对待成年人一样对待孩子，就不会理所当然地认为自己了解他们的需要。像对待一个成年朋友那样对待你的孩子，关爱他，但不期望他为我们改变；与他交谈，但不以控制他为目的。

维护孩子的自尊，不对孩子提出苛求，尊重孩子真诚而自发的需求，并据此调整我们的思想。我们可以聆听孩子的感受，同时鼓励他们摆脱束缚、自由表达。例如，在节目排练前，如果孩子感到害怕，他需要表达出来，这样他才可以抛掉束缚，自由地排练。当你倾听他的害怕和疑虑时，不要渲染、加深他的情绪，而要在排练的过程中关注他。有你作为他的情感释放口，他可以忘记顾虑，勇敢地继续下去，他也可以自由地选择退出排练，而不是因为害怕而被迫放弃。

在培养你的沟通技巧时，避免评判他人的沟通能力。你也许总想批评你的配偶、朋友或孩子不会"用正确的方式沟通"，而且常常抱怨配偶、抱怨孩子，指责对方的态度不够和善，"你没有肯定情感""你没有表达感受""你这是在批评"或者"你这是在否定"之类的话总是脱口而出。

指责的话会令我们与心爱的人疏远。不要教育别人，应该教育自己。当你的配偶、亲人或孩子指责、批评你时，请你通过告诉对方自己的想法，或者猜测对方没有表现出的感受，真诚地表达自己。比如，当孩子说自己的妹妹是个骗子时，你可以问他一个验证性的问题："你愿意告诉我发生了什么事吗？"

当你不得不对某种不可接受的行为提出反对时，同样不要采取批评的方式，要加入个人的感情色彩，而不仅仅是喊一些关于是非对错的口号。比如，"偷东西是不对的"这句话不大可能引起孩子的自责，只会让孩子感到羞辱，与你疏远。但是，如果你说的是"当我发现你没有付钱就从商店里拿走糖果时，我觉得很伤心、很难过"，这种表现自己脆弱情感的话语，就更能感动孩子，鼓励他说出自己的动机。

许多人担心这种方法会剥夺他们维护道德的权利，事实却恰恰相反，运用这种带有个人情感色彩的话语，能够更有效地表达你的价值观。大声谴责犯错误的人，空洞地谈论对错，只能让我们失去他。因为被你的个人情感所感染，你的配偶、孩子或朋友不会觉得受到威胁，与你疏远，只会因你的沟通而感动，与你愈发亲近。

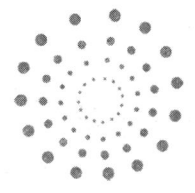

介绍孩子的五种基本需求

养育孩子，一场温暖的修行

理解孩子的行为

"行为没有对与错，唯一有意义的是在恐惧与爱之间作出选择。"
杰拉尔德·扬波尔斯基（Gerald Jampolsky）博士

家长们常常打电话给我，因为孩子的行为让他们不知所措，他们很想作出和善的反应，却发现自己无论如何也做不到。很多家长已经知道如何友好地沟通，可是他们却说自己无法成功地加以运用。

是我们的思想妨碍了我们去理解孩子，让我们找不到合适的应对方法。孩子的行为没有对与错，它们仅仅是情感和生理需求的表现，或是天真的游戏，然而，当我们的思想立刻对孩子的行为作出评价时，我们的反应并非来自孩子，而是来自我们自己对孩子行为的解释。

对孩子明确的生理需求作出反应似乎很简单，比如睡觉、吃饭、保暖，然而，当孩子的要求是情感上的，或者孩子的表达方式不符合我们的期待时，我们可能会作出各种不同的反应，从疑惑、生气到无助和绝望。其实，这些反应并不真实，因为它们来自你过去的思想，而不是孩子的行为，它们妨碍我们清楚地认识孩子。这些思想根植于我们的过去，并投射至未来，通常表现为担心孩子不能健康成长，或者害怕自己不能成为理想的家长。

换句话说，我们常常误解孩子，因为我们只顾按照脑海中的既定程序作出反应。我们的大脑会回忆过去的经历，而人类天生倾向于认同内心的声音，我们会不由自主地遵从大脑里自动发出的命令，即使它与我们的愿望、本质相悖。

当我们能够完全把握自己、不受习惯思维干扰的时候，我们就可以在爱的主导下，作出明智的反应。只有摆脱过去的干扰，专注于眼前的现实，才能感受到爱，而如果你能够做到这样对待孩子，那么你就不需要这本书的指导，事实上也不需要任何一本书。

我们的头脑总是把问题复杂化，比如，一个小孩从妹妹的手中拿走玩具，这时家长的脑海里也许会响起一个声音，指责孩子无情或粗鲁。可是在孩子自己看来，这只是一个单纯的动作，也许他觉得好玩，想要这个玩具，而且他还没有建立起照顾妹妹的意识，也许他想看看妹妹的反应，也许他想吸引你的注意力。客观地观察孩子，不要武断地给他贴上标签，也不要过度分析，这样你就可以作出积极而平和的反应。在接下来的五章里，我还将通过大量的实例对此加以阐述。

当孩子的行为使你烦恼、气愤、痛苦时，你或许会想要予以制止。然而，这么做并不可取。即使孩子终止了这一行为（由于害怕），也会采用别的行为来表达未被满足的需求。孩子就是你的老师，如果你阻止他，会失去学习的机会，这对你们俩来说都是损失。相反，如果你按照从第一章学到的方法，逐一审视那些令你对孩子持否定态度的想法，那么你会逐渐摆脱束缚，与孩子实现互动而不是互制。认识到孩子的行为是在表达一种需求，我们就会不再制止孩子的表达，转而去寻找孩子究竟需要什么。

在制止孩子的表达时，我们会被自己过去的不愉快经历所限制，不能正确理解他们。但如果能认清自己的反应来自过去的经历，并认真审视它们是否真实、是否与眼前的现实相关时，我们就会了解这些思想的来龙去脉，从而更加清楚地认识孩子当前的现实情况。

换句话说，影响我们理解孩子的最大障碍是：我们把自己的思想和观念奉为真理和指导原则。在阅读下列章节时，你将学到几种方法，以便有效地区分来自爱的指引（关注的焦点是孩子）和来自惯性思维的误导（关注的焦点是你自己）。其中一个区别明显地反映在效果上：爱会帮助你找到平和的解决方法，使你与孩子进行真心的交流，而惯性思维却会造成斗争、愤怒和疏远。

孩子的行为往往反映了他的真实需求。他也许会不停地跑来跑去，模仿猴子吱吱叫，或者把浴室变成热带雨林，但正确理解他的意图可以帮助你以平和的心态对待，要么听之任之，要么为他寻找另一个不影响你和其他人的发泄途径。妨碍我们关爱和理解孩子表达的是我们的忧虑——害怕失去对孩子及孩子成长过程的控制——以及内心产生的情绪和期待。

如果你把注意力集中在孩子身上，更容易对孩子的行为作出和善的反应。驱动孩子行为语言的五种基本情感需求是：

★爱
★自我表达
★安全感
★自主与强大
★自信

如果这些基本需求一直能够得到满足，就会为孩子今后的生活打下坚实的基础，使他能够充分发挥潜能，积极进取，以宽容乐观的态度对待自己和他人。也就是说，对父母的爱充满安全感、感到自己被珍视、自由充分地表达感受、具有自主精神的孩子能够健康快乐地成长，并与自己的心灵、与家长都保持良好的沟通，而当孩子感到危险、无助、孤单或缺乏安全感时，就会表现出行为和认知上的障碍和困难。

下面的章节会帮助你认识少年、儿童、幼儿和婴儿表达这五种基本需求时的各种表现，并丰富你在面对这些表现时的应对方法。

爱

我们不是因为花开而浇灌,而是为了花开而浇灌。

爱

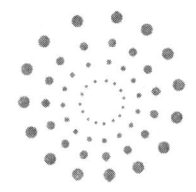

尽管我们爱孩子,但这并不能保证孩子一定有被爱的感觉。当孩子觉察不到我们的爱时,他会缺乏安全感,不能顺利地表达自我,甚至感到迷茫无助。他也许会采取破坏性的举动,或者变得逆来顺受,压抑自己的本性,以期获得我们的赞许。如果我们感到无法跟孩子很好地沟通,可能是因为我们表达爱的方式不容易被孩子感受到,他或者觉得自己不如兄弟姐妹得宠,或者认为父母的爱是有条件的。

我们不是因为花开而浇灌,而是为了花开而浇灌,同样,孩子需要我们的爱才能健康快乐地成长。然而,当爱被用做控制孩子的工具时,孩子会逐渐对它产生怀疑。比如,如果你的父亲只有在你表现得令他满意或者取得优异成绩时，才表达他的爱，那么，你在内心深处可能会怀疑他是否真的爱你。因此不要先评价孩子，再以爱作为奖赏，因为每一个孩子生来都应该被爱、值得被爱。当没有任何附加条件时，爱才是纯粹的爱。

有时候，父母对这种爱的方式感到疑惑，他们不放心任由孩子做他想做的事。其实，没有人总是为所欲为的。比如，我们不能由着自己的性子开车，在想继续前进的时候却不得不停下来。在生活中，我们需要考虑他人的需求，这些需求既限制我们的自由，又保障我们的自由，这与爱无关。扭曲整个世界来迎合孩子的突发奇想，会阻碍孩子培养适应社会的能力。孩子出生在这个真实的世界上，被包围在你的社交圈中，他很想融入由亲人和朋友组成的真实人际网络，并成为其中的一部分。因此，我们要平等地对待他，同时考虑到他的弱点和局限。也许，他还没有等待和分享的能力，但这并不意味着他就可以弄乱房间、要求得到任何玩具或者随意拨弄你的头发。因此，爱他就是要寻找周全的方法，满足他的要求，并且在生活不能满足他的每一个愿望时，给予同情与鼓励。

以孩子为本的爱，其另一个方面是接受孩子对爱的独特表达方式。孩子希望他的表达能够被接受，即使这会使我们感到烦恼。当孩子把浴室的地板弄得到处都是水时，我们也许会很生气，但也许他是在做清洁，以此来表达对你的爱。当你认为孩子是在搞破坏时，不要忘记维尼小熊的故事：维尼以为小驴伊尔的房子是一堆木头，于是把这堆木头拆掉，好心地想给伊尔建一座房子。

爱的付出和接受都应该是无条件的，如果孩子不得不努力争取被爱的资格，不得不谨慎地衡量表达爱的方式，他会变得焦虑，并对自己的价值产生怀疑。事实上，这种对爱的争取会演变成一场无休止的激烈赛跑：孩子为实现或满足家长的期望而身心疲惫，却很难对自己感到满意，因为如果不能证明自己、取悦家长，他永远会觉得自己没有价值。这也是导致孩子缺乏自信的重要因素。当我们害怕自己的行为和表现不能得到接受和肯定时，就会缺乏安全感。同样，孩子由于感到自己无法让家长满意、得不到家长的爱，所以强烈地渴望能够达到被爱的资格、满足被爱的条件。

其实，我们的家长并非不爱我们，只是对他们来说，社会文化规范和他们自己在成长过程中遗留的痛苦妨碍了他们对无条件的爱的自由表达。很多人从未感受过无条件的爱，尽管他们的父母无疑是爱他们的。在面对自己的孩子时，这些家长也许感到非常棘手，不知道如何给予孩子自己未曾经历过的东西。事实上，我们中的很多人在成长过程中都怀有恐惧心理，害怕不能满足家长的期望，得不到他们的爱。而我们并不想把这种心理继续传递给孩子，让我们接受玛丽·哈斯克尔（Mary Haskell）在给诗人卡里尔·纪伯伦（Kahlil Gibran）的一封情书中表达的态度："无论你成为什么样的人，都不会令我失望，我不会给你的未来勾画蓝图。我不愿构想虚幻的你，只想发现真实的你，我绝不会对你失去信心。"[1]

当孩子坚定地相信你爱他、欣赏他时，他对自己的满意就会形成牢固的基础，支撑着他加倍努力最终获得成功。他可以真实地依照自己的本意说话、做事，不用担心你是否批准；当他想取悦你时，他会做一些事来满足你的需要（而不是满足自己渴望得到肯定的需要）；他会帮助你、体贴你、关心你，不是为了赢得你的爱，而是因为他爱你。

为了确保孩子有被爱的感觉，我们需要避免把爱当做交换某种行为或某种成就的筹码。爱是背景，我们铺设这个背景，以便孩子可以自由地做回自己。他的选择和行为不受背景的影响，而且在这个背景中，他可以自己找到解决难题的方法。

爱你的孩子就意味着从他的角度观察他的优点、寻找他的价值。当然，这并不是要你高兴地看着他弄脏屋子、欺负妹妹。当你用爱来面对这些情况、面对眼前的事实（而不是回想过去）时，你会明白他的需求，然后说："哦，真有趣，把豆子撒满整个桌子"或者"我知道你在生妹妹的气，你愿意告诉我你的感受吗？"同时温柔地把他从妹妹身边带走，帮助他寻找解决问题的积极方法。因为你爱他，所以你爱他作出的选择和决定，这会促使你与他和谐相处，并为你提供克服困难的方案。制止旧式思维的喋喋不休，把注意力集中在此时此刻，你可以接近自己的智慧与爱。听听你的内心在说些什么，并用第一章叙述的方法加以审视，真正地摆脱束缚，关注眼前，关注孩子。

爱不是奖品

向顽劣好斗的孩子表达爱，常常让家长们大伤脑筋。可当你着手去做时，你会发现，孩子的顽劣好斗事实上是某种迫切的呼吁：渴望你的爱，渴望你关注他未被满足的需要。因此，对于他的焦躁紧张，最佳应对答案就是你的爱。记住，对于倾泻而出的情感，孩子没有控制力（就像成年人也会冲动地吼出伤人的话语一样）。

顽劣好斗的孩子不会把你的爱当做是对其行为的奖赏。相反，

第三章
爱

他会感到安慰，因为他得到了理解和关心，这会帮助他缓解苦闷和不悦。阻止他的行为，献上关心和爱，你就赠予了孩子以友善、和平的方式进行沟通的工具。当孩子对父母的爱拥有安全感时，他们很少会挑起冲突、造成伤害。

我们爱的是孩子，而不是孩子的成就和行为。爱是美丽的背景，它让一切都变得绚烂多彩。如果孩子令你感到心烦，你要做的就是向他"提供"爱。这样，你会发现自己可以开心地与他相处（即使必须否定他的某一项选择）。要做到这一点，你必须审视自己的思想（S.A.L.V.E.中的S），以便把注意力集中在眼前的事情上。你的思想不是真实的你，它们的来去不受你的控制，它们不是事实。成长历程不同，你的思想理念也会有所不同，因此，要确认这些思想对你的爱究竟是有积极的促进作用，还是有消极的阻碍作用。在本章中，你将看到一些自我审视消极思想的实例。

你很了解自己对孩子的爱，因此，如果你的言行不友善、不慈爱，那么你所表现的就不是真实的自己。只要在爱的背景下寻找，你所找到的解决问题的方法必然是和平的，是能够满足每个人的需要和尊严的。应该给予孩子严厉的爱——这种旧式观念不过是对伤害孩子的行为脱罪的一种借口。除了极少数为了保护孩子安全必须强制干预的情况（快速把他从路中央拉到路边）外，爱从不会造成伤害，只会传递温情。

如果我们在童年时受到无条件的珍爱，那么，我们不需要指导就懂得如何去爱，我们会自然而然地给予孩子富足的爱，无论他有什么样的行为和表现。是我们的个人痛苦和恐惧妨碍了我们无条件地爱孩子。

我们害怕给孩子爱的原因之一是我们缺乏获得爱的经验。我们也许担心孩子会把我们的爱视为理所当然，并借此利用我们；我们也许感到完全的付出容易受到伤害，正是这样的忧虑阻碍了我们的父母无条件地向我们表达爱（如何克服这些障碍及其他障碍，将在本章稍后的内容中讨论）。然而，孩子并不会把我们的爱视为理所当然，事实上，相信自己被爱是一种健康的心理基础，它支撑着孩子成长为一个富有爱心和同情心、有能力、有才华的人。如果孩子不把精力浪费在为了赢得肯定而作出的各种努力上，他就可以自由地成长，自由地取得成功。

孩子如何感受到爱

以下是一些指导性的意见，帮助父母成功地表达爱，并让孩子顺利地认识到你的爱。

满足需求

当孩子可以毫无顾虑地表达自己的感受时，当他有力量执掌自己生活的船舵时，当他知道自己的需要会被认真考虑时，他就会感到自己被爱、被珍视。因此，确保孩子感受到爱的首要方法是信任他，从他的角度考虑问题，满足他的需求。如果需要得不到满足，孩子会觉得自己不值得被爱，并因此感到痛苦。

孩子表达需要的方式之一是提出要求。婴儿用哭闹或其他身体语言作出提示，幼儿用语言和行为让我们知道他的需要。父母要时刻准备停下手头的事情来满足孩子的要求，立刻答应他，并用行动迎合他的愿望。盘子可以等一会儿再洗,孩子的情感必须马上抚慰;电话可以稍后再打,爱必须马上传递;摔碎的盘子可以被新盘子取代,而受损的灵魂会留下难以弥合的疤痕;脏乱的房间可以重新收拾干净,破坏的物品可以重新修好。当孩子意识到他比你爱惜的物品和事先拟订的计划更重要时,自然就会感受到你的爱。

迅速对孩子的需要作出反应,并不意味着你永远要放下手头的事来迎合他。当孩子长大一些,对你的爱有了安全感之后,他会逐渐开始迎合你的需要。要相信这个发展过程,让孩子真诚地作出反应,由他自发地开始这种转变,这样你就会知道,他这么做不是为了赢得你的爱。不要过早地期望孩子能够体谅你的需求,因为一旦孩子觉察到你的期望,就可能会尽力予以满足,以便获得你的赞许,这样,我们的爱就变成了有条件的爱,我们也重新恢复了对孩子的操纵和控制。事实上,孩子会被身边大人的期望所驱使,去做令大人满意的事,但这会伤害孩子的信任感和自尊心。

保护孩子与你沟通时的坦白和真诚。这样,当他开始体谅你时,就完全是出于关心和爱。只是为了得到你的赞许而采取的行动会让孩子心生怨恨,并开始怀疑你对他的爱。这些消极的情感无疑会阻碍孩子产生真诚关心他人的愿望。

说到这儿,你也许会奇怪,人们为什么普遍相信"期望越高,成就越大"的观点。事实上,在传授知识和培养技能时,老师制定的标准可以帮助自愿学习的孩子追求进步和成功。作为个体的人,老师和学生是平等的,但是在课堂上,他们并不平等:学生要遵循老师的指导,往往还支付酬劳来请老师提出建议,以此来促进他们对知识的学习和探索。

这并不适合父母与孩子间以爱为纽带的关系（或者说，不适合任何一种以爱为纽带的关系），它既伤害亲子关系，又妨碍孩子天性的自由发展。家长并非受雇指导孩子的生活，相反，你有义务对孩子的需求作出回应，用爱滋养孩子的发育成长。

希望孩子按照你设定的节奏前进，这与无条件的爱相矛盾，因为如果这样做的话，你就会用你的标准和规范来评价他。事实上，爱你的孩子就是要快乐地依循他的成长节奏，让他自由地迈出每一步，而不会让孩子担心因不符合你的标准和规范而会失去你的爱。

坚持你对孩子的爱。不要期待他有令人尊重的表现，而要以尊重的态度对待他；不要期望他能耐心等待，或者体谅你的需求，而要温和慷慨地关怀他。随着时间的推移，他会逐渐开始效仿你的这些品质，因为他爱你，他想与你一致。但这并不意味着你永远不能对他提出要求，在他的能力范围之内，你可以要求他安静、等待或者取一样东西，但无论他是否答应，都要尊重他的选择。最终，他会学到不仅要重视自己的喜好，也要照顾他人的意愿。

前文曾经说明，爱孩子、回应孩子的需求并不意味着赋予孩子伤害他人或为所欲为的权利（没有人拥有这样的权利），而是意味着你有责任让他在物质和精神方面得到满足，以便他能按照自己的节奏成长。

要放弃对孩子的期望也许并不容易，当孩子出生时，我们会期待他是一个"听话的孩子"、"好孩子"，并顺应我们的愿望成长为一位善良、成功的人。看看我们周围的文化，我们完全陷入了各种期待和规划里：到了某个年纪，孩子应该做家务，应该学会说"请"和"谢谢"，应该有责任心，应该爱干净，应该保持安静。你一定注意到了，有时候你甚至不得不以孩子的行为来衡量自己的价值，他符合要求吗？我是个好家长吗？

在一次电话咨询中，艾曼达的母亲卡拉给我讲述了她遭遇到的尴尬，在审视了自己的思想后，她还是决定尊重孩子的本性。

艾曼达过去是个可爱的小孩，性情随和，满面笑容，喜欢跟着大人到任何地方去，并能静静地融入环境。

"我原本非常肯定，她会成为一个合群、聪明的女孩。现在她七岁了，可是自从她三岁那年起，我就很少带她去别人家或者找别的孩子玩，因为她令我非常难堪。起先，她喜欢推别人，抢别人的东西，后来发展到命令、指挥周围的孩子，用完东西后也不收拾整理。每次她回到家，就好像龙卷风扫过了整个屋子。"

为了帮助卡拉审视那些阻碍她欣赏女儿的想法，我说："告诉我你对她的期望是什么。"

"我想让她注意到自己造成的脏乱，把它们清理干净，并且能平等地和小朋友玩耍。"卡拉说。

"你认为她会变成你希望的模样吗？"我问。（这是为了让她明白，她的想法能否改变现实，是否有积极意义）

卡拉叹口气："不，现在看来，她不是那样的人。"

我保持沉默，卡拉则反省自己的想法。

"我非常爱艾曼达，可是我想，我爱的是我希望她变成的模样，而不是她本来的模样。"卡拉哭了起来，"我想爱她本来的模样，可是我做不到。"

"阻碍你的只是你自己的思想，你是否可以想象一下，和她在一起时抛开希望她整洁的念头，平等地同她沟通？"

"是的，哦，是的，我可以爱她本来的模样，我是那么爱她。"

"如果你愉快地接受她的这些品质，你担心会失去什么？"

"人们会认为我是一位不合格的母亲，因为我无法控制她。"（卡拉又找到了一个令她痛苦的想法）"哦，太糟了，我阻止她拥有社交生活，只是为了维护自己的形象，这太糟糕了。"卡拉开始抽泣。

"是的，"我说，"现在你明白了吧？你对女儿的期望给了你自己一个教训，如果你听从爱的指引，会对艾曼达更有帮助的。"

"我不知道，我希望她能学会整理，我想，我需要首先清理自己的杂乱想法，而且我自己也有很多东西需要整理。"

"你希望她能和你一样？"

"哦，是的，我愿意平等地对待她，过去我没能做到。"

"而且，"我补充道，"也要平等地对待你自己，你不一定非要胜过某个拥有天使般完美女儿的家长。"

"是的，我明白了。"卡拉说着笑了起来，"一切都在于我。你知道，有时候我的确能做到不去干涉她。每次当我们去游乐场时，她都特别开心，特别活跃。她还喜欢翻跟斗，常常接连几个小时地画水彩画、玩橡皮泥，我猜她还喜欢烤饼干。可是，她总是喜欢指挥周围的孩子，这该怎么办呢？"

"怎么？"我问，"你认为她不应该指挥别人？这种想法有用吗？有实际意义吗？"

"没有，她喜欢当领导。如果我不要一直想着她不应该这么专横，我想我会欣赏她的领导才能。我过于担心了，因为我自己是一

第一章 爱

个腼腆的人。"

"所以，艾曼达是主动的一方，她为人大方而负责。我们都需要领导，而你得到了一位很好的老师。"

咨询结束时，艾曼达和父亲（卡拉的丈夫）出现在门口。卡拉站起来，长时间地拥抱艾曼达，泪水沿着她的脸颊滑落，"我从不知道我这么爱你，艾曼达，我爱你，因为你就是你"。

在接下来的几周内，卡拉留神观察艾曼达的领导才能，并且给她提供了很多机会，让她在安全的范围内制造混乱，让她搭积木、翻跟斗、游泳、玩蹦床，或者通过其他方式宣泄旺盛的精力。

"我以为这么做会很困难，"卡拉说，"可是实际上，我发现自己很欣赏艾曼达的行为，而且我们之间的大部分问题都不存在了。每隔一段时间，她甚至会主动整理她的水彩和橡皮泥，因为它们属于她，如果干透了，变成乱七八糟的一团，她下次就不能玩了。她对自己很满意，对我也很满意。"

"最令人惊奇的事发生在她去表妹家玩的时候，大卫叔叔走进房间，让孩子们把玩具放回原处，艾曼达告诉其他女孩该怎么做，在她的领导下，孩子们和平友好地把玩具收拾整齐了。"

卡拉不一定非要放弃她一直在向女儿灌输的价值观，恰恰相反，她可以将其扩展，并容纳、兼并其他价值观，而艾曼达则会学着体谅别人的感受，因为她自己的意愿得到了尊重。孩子们希望成功地融入社会，他们先从爱和体贴中受益，然后就会接受这样的价值观。相信你的孩子，当他准备好体谅你的需求时，他会让你知道，而且，他会用心满足你的愿望，并且在这一过程中培养出合作精神。

身体语言

小时候经常被拥抱、亲吻的孩子往往能够自然地表达亲密。如果你在童年时没有得到足够的用身体语言表达的亲密,那么,你需要有意识地提醒自己接受和给予。孩子每天都需要各种形式的爱,这里我们要讨论的是用身体语言表达的爱。临睡前的亲吻和拥抱,搂着孩子坐在沙发上,只要你的孩子明显表现出接受和喜爱,这些举动都可以滋养心灵。当然,很多孩子不喜欢亲吻,但亲人的拥抱却让他们感到非常舒服。

面对拒绝亲密接触的孩子,你可能需要寻找一种他喜欢的身体语言。有些孩子逃避拥抱和亲吻,但恰恰是这些孩子最需要身体接触,然而他们非常敏感、非常害怕受伤。如果你的孩子在身体接触时表现得不自在,那么,采取一种较为间接的表达方式——用手指轻抚他的背,与他进行眼神交流,或偶尔温柔地碰触他一下,抱着他读一本书,以及其他温馨的举动。此外,与孩子同睡或者睡前陪着他、拥抱他、与他聊天,也可以让他在爱的温暖中进入梦乡。对各个年龄段的人来说,同睡都是抚慰心灵、防止多种感情障碍的有效方法,因此,不要犹豫,抱着你的孩子睡觉吧!这是人类最自然的本能之一。

当孩子进入少年时期后,也不要停止身体的亲密接触,他其实非常需要这种爱的表达,却不敢开口提出要求。十几岁的男孩常常得不到足够的亲密接触,也许他的个头儿已经很高,有时候态度也比较冷漠,然而对此你无须担心,因为他同样需要爱的表示。不要在公共场合或者他的朋友面前采取亲密的举动，但是当他愿意时，完全可以拥抱他、亲吻他、爱抚他，或者搂着他的肩膀一起看电影、读书。

遇到压力时表现出攻击性的孩子，通常也不喜欢和父母进行过多的身体接触，这也许是他们感到愧疚或自卑的结果，也或许是源自他们的敏感天性。显然，亲密接触可以帮助这种类型的孩子体会到家长的爱，克服不安全感，从而减少攻击性。拒绝亲密接触的孩子也可能是因为身体非常敏感，他需要你调整力度，避免令他发痒，或者他只喜欢你抚摸他的背。你可以利用洗澡和睡前的机会，温柔地触摸孩子的身体。此外，目睹父母之间温馨、深情的亲密动作，对孩子同样有好处。

有的孩子会对违背他意愿的亲密举动产生厌恶情绪，因此，对孩子的身体表现出应有的尊重是非常重要的。也许爷爷认为临别前的亲吻是一项重要仪式，可是如果孩子不想亲吻，那么他的意愿应该得到尊重。身体接触是同孩子一起分享的，家长没有"权利"随意对待孩子的身体。向孩子索取拥抱、坚持把孩子高高举起或者强吻孩子都不是爱的举动，因为它们侵犯了孩子的身体。尽管你非常喜欢拥抱、抚摸孩子，但一定要确认你的举动是对其需求的满足，而且没有过度。尊重孩子的身体也是使他远离各种身体侵犯的最佳方法。

当我们用尊重的态度对待孩子的身体时，他会从亲密接触中受益，这样的身体接触可以帮助他建立自信，激发积极情绪，促进智力发育，消除愤怒和暴力，使身体健康灵活，并在父母与子女之间培育亲密和关爱。

给予关注

尽管孩子很少说出口，但他们确实会想："我在父母心目中重要吗？他们愿意花足够的时间陪我吗？"如果你只把一部分注意力放在孩子身上，那么，孩子不会感受到爱的交流。孩子对你讲话时，可能会坚持要你看着他，如果你的目光转向一旁，即便只是短短的一刻，他也会转过你的下巴，让你关注他，然后从头再讲一遍。如果你在和他做游戏的同时看报纸、打电话，或者不小心睡着了，他会觉得没有得到足够的爱。同样，如果孩子必须和兄弟姐妹分享家长的关注，他不会感到满足，甚至与朋友分享也不能替代他单独成为焦点的时光。

有些家长担心把孩子放在关注的中心，会"宠坏"孩子。然而，关注孩子和让生活围着孩子转不一样，关注是传递爱的桥梁，就像它是爱人之间或朋友之间传递感情的桥梁一样。你能想象没有一对一关注的友情和爱情吗？关注带来的亲密能够让人的情感和心智得到健全地发展。

如果你想为孩子扩展交际圈，让他在家庭之外也能感受到相似的温暖和亲昵，那么，你需要为他提供一个团体，这样你的孩子可以同很多人相处，并和其中一些人产生深厚的感情。然而，他的大部分信心和对自己的认识仍然要从与你的日常亲密接触中建立起来。

为了加深孩子被爱的感受，当只有你们在一起时，把注意力完全放在他身上，给予他一对一的关注，不要被别的事情打扰，并且让他来主导这段时间。他需要感觉到，他在你的世界里非常重要，你乐意放下报纸、家务、工作、杂事、电话和出访，和他在一起。如果你不止一个孩子，那么为了让每个孩子都得到满足，你需要作一些安排。如果每天的大部分时间只有你与唯一的孩子做伴儿，关注他不仅意味着表达你的爱，而且可以满足他与人亲密的基本愿望。事实上，当你是孩子的唯一伙伴时，拒绝同他亲密可能会导致孩子对自己的价值产生怀疑，失去自信。全心全意地、一对一地关注孩子，是表达爱的最明确的方式。

少年与幼儿和儿童一样，也需要一对一的关注。他们既想证明自己不再需要你，又想确认你仍然在他身边，常常在这两者之间摇摆不定。尊重他的愿望，让他自主地创造生活，同时不要让他的"确认"落空。带着兴趣加入他的谈话，了解他的生活、思想和感受，支持他、协助他，要知道你的快乐就是与他分享生活。最重要的是，倾听他的心声，全面关注他向你展示并希望与你分享的事物，让他知道，你认识到了真正的他，你愿意看着他自由发展，这对他来说非常重要。

当孩子得到足够的关注之后，即使你一边陪他，一边做饭、支付账单或者听音乐，孩子也不会感到失望。在要求得到满足后，即使很小的孩子也能渐渐适应家长偶尔地、短暂地把注意力从自己身上移开。让这一过程自然地发展，不要刻意地引导和过于期待。

道恩忙得不可开交，她要招待客人莎拉，同时还要应付她那难以满足的幼小女儿多娜。当天晚上，道恩绝望地给我打电话，说她和莎拉多年未见，希望孩子能够让她充分享受这次重逢。在谈话过程中，道恩认识了她内心深处的想法："我和客人的会面不应该受到任何干扰"、"我的注意力自始至终都应该全部放在客人莎拉身上",这就是让她产生焦虑的根源。

讨论结束后,道恩制订了新的计划:第二天早晨,她没有像以前那样,不停地要多娜等一会儿,而是邀请客人与她一起先花一两个小时陪着孩子、充分关注孩子。莎拉和母女俩共同度过了一个愉快的早晨,因为多娜要两个大人看她跳舞、唱歌和玩蹦蹦跳跳。多娜心满意足后,自己去一边玩了,而道恩和莎拉则开始聊天。一直到中午,她们没有受到任何打扰。下午,爸爸带多娜出去散步,这半个小时的充分关注再次满足了多娜的需要,使得道恩和莎拉的谈话顺利地进行到晚饭时间。

要让孩子停止纠缠、索取,你要做的是满足而非无视他的需要。在上面的例子中,起初多娜的需求没有得到满足,整整一天大人都要留意她(以她为中心),结果却是人人都不满意。相反,当她得到足够的关注后,她才感到满足,而大人的生活也不必再围绕着她转。这一规律同样适用于孩子成长的长期过程:你越是积极回应孩子对你的依赖,孩子长大后就会变得越独立。

既要充分关注孩子,也要让他分享你的经历、参与你的活动。如果你只是给予关注,就会使孩子失去自我创造、独立行动的机会。孩子会给你清晰的提示,表明他需要的是关注,还是独立。

要想与孩子分享你的经历,可以在做事时让孩子陪在身边。这样,他就能够在你选择的时间里参与你的活动。但要记住,一起做事的时间不能超过孩子的限度,你要密切留意他的反应,以免时间过长产生负面影响。如果你想让他加入你的活动,一定要让他自由选择是在一旁观察，还是跟你一起动手。一次次令孩子感到满足、成功的经历会逐渐培养出孩子参与他人活动的能力，特别是在他需要时能够得到家长足够的关注，而参与的活动又符合他自己的兴趣，这种情况尤其有助于这种能力的培养。

如果和他在一起时，你要他按照你的想法去做，那么你的关注并不能让孩子感受到爱的交流。在这种情况下，他很有可能认为自己只是满足你自身的需要的工具，并竭尽全力实现你对他的期望。在这一过程中，他可能会感到焦虑，并开始怀疑你的爱。相反，如果你把主导权交给他，他会真切地感受到你的爱，并逐渐培养主动性，产生强烈的兴趣。

马克斯最近似乎有些闷闷不乐。他的母亲琳妮意识到，他多次拒绝了自己对他的爱表示，尤其是言语上的表达。事实上，他好像完全不想让她说出她的爱。琳妮开始密切关注马克斯对被爱的理解，她发现，马克斯想对她讲述关于恐龙玩具的事。他总是不停地讲，因为那是他近来的生活中心。一天早晨，马克斯又在谈论他的恐龙，当看到姐姐对此完全漠不关心时，他露出了非常伤心的表情，而这引起了琳妮的重视。

当琳妮给予马克斯充分的关注，认真地倾听他兴奋地描述那些玩具的尺寸、外观和牢固程度时，马克斯的面孔焕发出了神采。为了享受母亲温暖的爱，马克斯需要琳妮用心关注他，关注对他来说是非常重要的东西。接下来，琳妮每天早晨都和马克斯度过一段这样美好的时光，当他重新建立起被爱的自信时，他那活泼、快乐的天性又回来了。

有时候，我们自以为把主动权交给了孩子，可仍然会悄悄地加入一些教导和指引，这同样会削弱关注的积极作用。在一次家庭关系咨询活动中，我听到了一个关于五岁的孩子和他母亲的故事。

杰里米在学骑滑板车，他让母亲坐在一旁看着他。当她的母亲看到他摇摇摆摆地奋力想保持平衡时，忍不住建议他换一个踏脚的位置。

杰里米停下来，望着妈妈说："我让你看着我，不是让你教我。"

关注是爱的核心，它要求完全接受孩子，顺从他的引导，回应他的沟通方式。

爱的感知

孩子需要什么要由他自己来决定。为了能让他与你心意相通，你在表达"我爱你"这一信息时，应该与他的意愿相一致，不能一意孤行。如果他喜欢在户外玩耍，爱他就是给他提供一个安全的场所，并分享他在户外的快乐；如果你的孩子正值少年，他想和朋友们待在一起，穿奇装异服，爱他就意味着为他的社交活动创造便利；如果你的孩子还在蹒跚学步，他喜欢在地上爬，爱他就是有意识地为他创造爬行的机会；如果他喜欢拥抱，花一个下午的时间，搂着他坐在沙发上，或者让他骑在你的背上，这会带给他满足和快乐。

如果你不过度专注于自己的日程安排，那么你就有机会观察到孩子的真实情况，注意到他接受爱的方式，当你的行为与他对爱的认识产生共鸣时,他会充满安全感。很多家长偶然而随意地用"我爱你"这句话表达他们的爱,然而,对爱的真诚表达必须来自现实的互动。给孩子讲故事、抱着他、倾听他的心声,都可能让孩子感觉到爱的滋养。你可以告诉他,你多么喜欢和他在一起,多么珍惜你们共度的时光,或者在了解他的过程中,你变得多么充实。在多数情况下,没有什么表达方式比从他的角度考虑、满足他的需要更能有效地传达爱的信息。

同样,爱孩子并不意味着每次逛街都给他买礼物,或者为了送给他一套昂贵的服装而加班加点地工作。尽管我们自认为买这些东西是出于爱,但我们的孩子往往无法从接受礼物中获得被爱的感觉。反之,如果你总是忙于工作和购物,孩子可能就会感到缺乏关爱,并认为你送给他大量的礼物只是一种敷衍,是因为你不想真正陪着他而给他的一种安抚。只有在尊重孩子选择的同时,用真诚而亲密的态度赠予,礼物才能表达你对孩子的爱。

要特别留意那些可能会与爱的表达相矛盾的行为,比如,当一个渴望从抚摸和拥抱中感受到爱的孩子,看到你一边抱着小妹妹,一边说爱他时,他会感到困惑。要想保证孩子能够完全吸收你的爱,最佳途径就是用他认可的方式来表达,用实际行动肯定他的本性,让他知道你很高兴陪着他。

以孩子为中心

有些家长认为,给予孩子一对一的关注是"以孩子为中心",他们认为这会妨碍孩子发展健康的人际关系。这些家长希望孩子明白,他只是团体中的一部分，而不是中心，也希望大家族或大家庭能够作为一个良好的模型，让孩子体会到自己在更宽广的社会中应该承担的角色。然而，把"大家庭"的作用理想化，只会妨碍我们认识到在当前的时代和文化背景下，孩子究竟能够从家庭中得到些什么。

核心家庭（仅由父母和子女组成的家庭）不是大家族，不能提供更宽广的社交经历，但它确实能提供归属感。在家庭中，归属感和贡献感来自家庭成员之间的互相关爱和一对一的亲密。家庭生活并不需要围着孩子转，但孩子应该得到密切的关注。孩子并不是唯一得到关注的人，当他感到自己是家庭的一部分时，他会学着照顾其他家庭成员的需求。每一位家庭成员都是平等的，关注就像哺育和教养，是对人类基本需求的一种满足。当我们愿意花时间陪伴孩子、用心关注孩子时，孩子就能体会到自己的价值。当孩子看到你关爱自己、关爱他人时，孩子同样能体会到你和他人的价值。因为你充满爱心，所以他也充满爱心。

很多家长渴望给孩子提供一个类似于大家族的社交环境，因为他们喜欢看到孩子跟其他大人和小朋友相处，让孩子参加集体活动和寻求友谊的需要得到充分满足。如果你重视这种教育方式，那么你可以尽可能地创造条件，参与或发起各种集体活动。然而不要忘记，你的孩子仍然需要一对一的关注——也许有时会少一点，但并非总是如此。

在核心家庭里，孩子常常发现，陪伴自己的只有爸爸妈妈，也许还有兄弟姐妹，他无法和别人玩，也无法从别人那里寻求归属感。这时，不应该让孩子独自玩耍，尽管孩子可能喜欢这么做。我们不必担心只能给孩子提供典型的家庭式的小规模活动和归属感，对于

爱

大部分时间只能和你一起玩耍的孩子来说，一对一的关注是爱的表达。关注孩子并不一定与群体感相矛盾。只要两者取得平衡，并且让孩子目睹家庭成员之间的相互关爱，这种矛盾就不会出现。

我们必须面对现实，并从中寻找，促使我们产生新的品质，如果我们喜欢这样的品质，那么，无论身处怎样的社交结构中，其他的价值观都会按部就班地确定下来。在核心家庭中受到密切关注的孩子与作为大家族中的一分子的孩子可能会成长为不同的类型，展现出不同的潜能和品质。给孩子读一本书或者满足他的要求，并不会把他培养成一个以自我为中心的怪物，相反，能培养他的个性化思考能力。孩子长大后属于我们的社会，而这个社会普遍重视个性和每个人对团体的创造性贡献。以上的两种系统不分优劣，它们只是不同的为人方式，都值得鼓励和珍视。

与害怕以孩子为中心相类似，一些家长害怕用爱、拥抱、慷慨或和善"宠坏"孩子。你没有必要因为担心宠坏孩子而吝惜你的爱，当孩子单独和妈妈在一起时，如果感情沟通的需要遭到拒绝，他只会觉得自己不受关注、没有价值。

让很多家长想要效仿的大家族的另一个特点是，让幼儿身临各种成人的活动，这样他就能逐渐学会参与的技巧。然而，如今的生活已经发生了改变，孩子在家里能够观察到的成人活动往往只是由一个静止不动的家长来完成（在电脑前、书桌前、水槽前，等等），缺乏应有的吸引力和刺激性。孩子所要学习的一些基本技巧要求他们亲自参与和互动，而孩子眼里观察到的大人们却都在各行其是，甚至完全没有交集。

在核心家庭里，孩子习惯于一对一的关注，这无所谓好坏，只是目前的家庭现实状况。他应该充分享受，并接受它的滋养。在这样的抚养方式下，孩子有潜能成长为独立的思想者和革新者，就像爱因斯坦、爱迪生和莫扎特。他们长大后会成为富有同情心的人，因为他们感受的是和蔼、慷慨和爱，他们会成为富有创造性的思想者，因为他们的个性之路平坦通畅。

无论生长在什么样的文化背景下，孩子总是充满热情，自然的天性使他们相当柔韧，能够以多种方式健康成长。为了传递生命的爱和内心的宁静，我们需要接受孩子本身的生活方式，而不是希望它变成另一副模样。我们应满足孩子在与社会接触中产生的需求，并为这些品质的出现而欢呼。快乐是选择的结果，如果我们能够拥抱并珍视现实，并让我们的爱毫无阻碍地自由流淌，那么我们的焦虑情绪就会烟消云散。

区分你的需要与孩子的需要

当你认为自己为了让孩子感受到爱的滋润已经竭尽所能，可是孩子似乎仍然怀疑你对他的关心时，你应该考虑一种可能性：你是否在不知不觉中导演着他的生活？如果你全面或部分地导演了孩子的生活，那么孩子可能会觉得他只是满足你需要的一个工具。我们常常会把自己的需要和对孩子的关心混为一谈，并且把这种需要投射到孩子身上。

祖母玛丽暑假来访时，她的两个孙子（分别是八岁和四岁）正快快乐乐地过着无拘无束、随心所欲的日子。祖母见状有些不高兴，

第二章
爱

建议给孙子们安排好一天的时间。她害怕他们的生活因为缺少合理的安排而变得"消沉"。她不停地给儿子杰克解释、说明这一点，告诉他必须建立起合理的生活方式。

起初杰克不以为意，可是看到母亲始终不肯放弃，他意识到自己必须做点什么。他运用 S. A. L. V. E. 原则（详见第一章），花了一分钟的时间审视了自己的思想，把自己的反应和母亲的需要进行了区分（S）。

在认真的审视下，他发现自己的想法是："她错了，我才是正确的，孩子们这样很好，她不赞成我的抚养方式。"他意识到，这些想法无法得到证明，而且对他和母亲都毫无裨益。他还注意到，自己其实是在寻求母亲的赞赏。于是，他对自己笑笑，把注意力集中在母亲身上（A），他想起母亲总是把家里的时间安排得井井有条，可以理解，这样散漫的假期会令母亲多么不舒服，她一定很难接受让孩子们自行安排生活的想法。

在倾听（L）母亲的感受、肯定（V）母亲的观念之后，杰克想出了一些方法，使生活更有条理，同时不必强迫孩子们做他们不喜欢做的事。在接下来的几天里，他给母亲提供了一些机会，鼓励（E）她安排自己的生活。他邀请母亲帮忙做饭，每天提议孩子们出去走走，或者组织一些方便而稳妥的活动，打破固定的规律。过了几天后，祖母说："你看，我说得没错吧，上一周孩子们建立了合理的生活节奏，他们看起来快乐多了。"

和杰克的母亲一样，我们常常觉得自己知道怎么做对孩子最好，然而，这很有可能仅仅代表我们自身的需要。我们的情绪和思想具有强大的影响力,使得我们无法清晰地认识孩子的想法。如果我们把自己的观念强加在孩子身上,他会怀疑我们的爱是否真实。当你发现自己对孩子的行为感到恼怒,并且受到一种强大力量的驱使,想要孩子按照你认为正确的方式去做时,你就要意识到,自己正在犯这种错误。"应该"这个词常常出现在你的抱怨中,"他应该打扫房间"、"他不应该剩饭"、"他不应该打断别人的谈话"、"他应该去理发",等等。这些期望代表了你的意愿,代表了你需要他做的事,但和"怎么做才会对孩子最好"并没有多少关系。要了解你的孩子,就要倾听他的想法。

花一定的时间审视自己的思想(S. A. L. V. E. 中的S),把你的需要同孩子的需要区分开,一旦弄清楚驱使你的究竟是谁的需要,就要诚实地面对。你可以说"我需要你把房间打扫干净",你也可以要求他帮忙,但是要允许他自由作出选择。他可以拒绝,也可以答应帮忙。如果他的选择不能满足你的需要,你可以自己打扫房间,也可以任由它脏乱下去,或者和孩子达成一项协议,让你们两人都真正感到满意。

接下来,进一步确认你的想法是否真实。以打扫房间为例,你或许认为孩子的房间应该保持整洁,担心如果做不到这一点就表明自己不是一位合格的家长,或者看到别人家里干干净净而自愧不如。如果认真地反思了这些想法是否真实,是否具有实际意义,你就会从容地看待孩子的凌乱,或者毫无怨言地为了自己把房间收拾干净。

当你坦诚地对孩子说出自己的需要,而不是去控制他、教导他时,孩子会与你产生爱的交流。尊重他的选择,并将你的选择与之调和。事实上,爱孩子就是要珍视他的本性,赞美他的行为方式和选择，这意味着不能让你对孩子的期望妨碍你对孩子的欣赏。引用一句利奥·巴士卡力（Leo Buscaglia）的话："爱从不指手画脚，因为它知道，把一个人拉离他自己的道路，硬推上我们的道路，永远都不可能真正适合他，他必须自由地走自己的路。"②

把我们的需要和孩子的方向相混淆，这样的事也常常发生在对孩子的教育上。当我们想要支持孩子追求某个目标时，我们会觉得自己也对他的成功作了投资，从而不清楚怎样做才是爱的表现。我究竟应该听任孩子退出，还是支持他继续努力？在遇到困难时，孩子想从父母那里得到什么？事实上，在亲子关系中（在生活中），没有什么是绝对的，每个孩子都有独特的情况。

坚持你对孩子的爱，时常问自己："这是他的愿望还是我的愿望？"如果是你的愿望，那么，通过现实来检验它的真实性。举个例子，假设你的孩子对你隐瞒事实，你指责他说谎，这时你潜在的想法是："他不应该说谎。"这种想法阻碍了你对孩子表达爱。如果他说谎，那么一定有说谎的理由，你可以设法查明他为什么害怕告诉你真相，然后重建你们之间的信任。这样一来，无论以后遇到什么事，他都会坦然告诉你。

如果孩子确定了一个目标，在争取的过程中遇到了挑战，希望得到你的支持，那么爱他就意味着给他鼓劲儿，不让他因为暂时的害怕而放弃。判断这类情况似乎很困难，因为每个孩子都是一个敏感的个体，而且每对亲子关系都有各自的特点。然而，如果你们十分信任对方，那么你有很大的机会和孩子一起理清事实。通过倾听和肯定孩子的恐惧心理，你区分开自己的期望和孩子的真实需求。当他充分表达了自己的感受之后，极有可能会重新认识自己的愿望，知道应该如何继续。以下是几个实例。

十六岁的杰克一直接受家庭教育。他告诉父母，他作好了准备，想离开家去外面的世界接受历练，他说家庭生活已经不能够令他满足。经过讨论之后，他的父亲凯文开始积极地为他寻找机会。为了帮儿子寻找一种安全而充实的方式，他不厌其烦地上网搜索、打电话，终于找到了一个在游历欧洲的同时获得大学学分的机会——一门持续一学期的巴士巡游课程，一所独特而出众的寄宿学校，以及其他一些令人向往的机会。

凯文把收集到的材料交给儿子，对他说："你可以先浏览一下这些网站和目录，如果制订出了明确的计划，或者遇到什么疑问，再回头来找我。当然，我们也可以讨论其他的可能性。"杰克缺乏热情地接过那叠材料，什么也没有做。

两周过去了，杰克似乎过得很开心，早就把这件事抛到脑后了。

"你想好计划了吗？"父亲终于向他发问。

"不，没有，"他停顿了一下，接着说，"目前我还是喜欢待在家里。我对现在的生活很满意，和朋友们相处得也很开心。"

为了让孩子表达出来的愿望得以实现，杰克的父亲表现出信任和支持，这给杰克提供了自由的选择权利和清晰的思考空间。对于幼小的孩子来说，这样的信任和回应也能帮助他们作出选择。

四岁的艾里斯在沙滩上玩，突然，她一边抓起沙子向身旁抛，一边哭道："我想和奶奶在一起。"奶奶住在另一个州，前几天他们才去拜访过。在奶奶那里住了一段时间后,艾里斯开始想家,于是他们决定提前回来。

"我想和奶奶在一起。"艾里斯重复道。

"好吧,"妈妈说,"我身上带着手机,你想让我马上打电话订机票,飞到奶奶家吗?"她拿起手机,等着艾里斯作出决定。艾里斯默默地沉思了许久,然后说:"不,不要,我想留在这儿。"她继续玩起沙子,很快就沉浸在游戏的快乐中了。

如果艾里斯作出肯定的回答怎么办?尽管这种可能性并不大,但是如果真的发生这种情况,妈妈可以和她仔细讨论,看看这次旅行是否真有可能性。其实,艾里斯的妈妈不一定非要做出打电话的样子,她可以简单地肯定孩子的感受:"我听到了,你想回奶奶家。"然而,如果能够自由选择,小孩子常常会有积极的反应。把是否买机票的决定权交给艾里斯,这一举动促使她很快明白了自己的真实想法。

有时候,在给予孩子支持时,我们面对的情况更为复杂。假设孩子自主选择了一个目标,然而他遇到了困难,出现了恐惧心理,准备放弃努力。这时,我们应该支持他的感受,是告诉他"没关系,退出驾驶训练好了",还是应该支持他最初的愿望,鼓励他继续?如果选择后者,我们又该怎么做?在一次咨询过程中,一位母亲给我讲述的经历能够很好地阐明这一点。

布伦达决定学习芭蕾舞,她在班上表现得非常出色,短短几年之后,她已经成为芭蕾舞学校里一颗耀眼的明星。然而,当布伦达的指导老师建议她去青年芭蕾舞公司试演时，她一口回绝，并说自己厌恶这个主意，甚至提到想完全放弃芭蕾舞。从此，她缩短了练习时间，似乎对舞蹈失去了兴趣。

"我不知道布伦达的表现是出于对自由和信任的渴望，还是仅仅因为害怕失败，"她的母亲南希说，"她是真的想退出，还是希望我坚定她的信念，为她扫除恐惧和胆怯？"

"你问过她的感受和想法吗？"我问。

"问过，她承认自己害怕，可是又说她不再喜欢跳舞了，进入舞蹈公司的建议让她很反感。"

"你有没有对她的选择表现出信任的态度？如果有，她是否感到轻松，觉得自己可以坦然地不去参加试演，从此不再跳舞？"

"我告诉她，这件事由她自己决定，她没有回应，也没有取消试演。她的态度模棱两可，我真的认为她渴望去公司跳舞，只是有些害怕。"

我建议南希倾听布伦达的想法和感受，并且把它们仅仅当做一种精神活动，不要信以为真，也不要加以渲染，这可以帮助布伦达排除情绪的障碍，认清自己的本意。"只有当布伦达不受恐惧支配时，她才能认清自己的真实渴望，"我解释道，"如果她基于恐惧作出选择，那么这必定不是自由的选择，而是对恐惧的屈服。如果所作出的选择不能代表她的本意，将会使她懊悔，甚至消沉。"

"如果她的本意真的是想放弃舞蹈怎么办？"南希问。

"一旦充分表达了自己的感受，她就能够不受恐惧的支配，自由作出选择。她知道自己想要什么。如果她想跳舞，她自然会克服恐惧；如果她不想跳舞，她会平静地放弃，并坦然面对自己的选择。"

南西倾听了布伦达的想法，没有提出任何建议，也没有采取任何行动，只是对她的感受给予了肯定。只有一次，南希说她认为这是个好机会，布伦达会被录取的。南希还宽慰布伦达说，是否跳舞完全听凭她自己安排，无论她作出什么决定，无论试演的结果如何，南希都一样爱她。

布伦达在自主的意愿下参加了试演，尽管她自始至终都在说她不想去，她讨厌这么做，希望试演失败之类的话。南希曾说："那么，你打算取消试演了？"布伦达则会耸耸肩，却不真的付诸行动。

布伦达被舞蹈公司录取了，并且在第一次演出时就得到了一个还算不错的角色。她热爱表演的每一分钟，时刻为自己的经历而陶醉，却又在父母面前极力装出没有兴趣的模样。

任何年龄段的人都有可能刻意对自己真心喜欢的事情表现出冷漠的态度，或者为了挽救自尊故意说不在乎能否通过试演（以防自己不被录取），你无须支持她的恐惧心理，只要倾听就好，倾听她的感受和疑虑能够帮助她认识真实的自己，摆脱恐惧的干扰，并根据自己的能力和愿望自由作出选择。

当孩子怀疑你的爱时

孩子们主要是从以自我为中心的观察角度，通过别人对待自己的态度来形成心理感受的。因此，当孩子要求你陪着他，你若说"现在不行，宝贝儿，我很忙"时，要注视着他的脸，看他是否流露出难过的表情。当你问他是否不高兴，而他回答"没关系"时，要留意他的面部表情，不能单纯从话语中判断他的情绪。他的嘴角有没有向下弯？他是不是显得沉默而严肃？他是假装不在意吗？你有没有觉察到一些迹象，表明他受到了伤害，或者害怕失去你的赞赏？

当孩子对你的爱感到不确定时，即便是最委婉的拒绝也会将他置于绝望之地，他也许会想："我就知道，她不爱我，我一点儿也不受重视。"相反，如果孩子对你的爱充满安全感，那么偶尔不能及时满足他的要求，他也可以体谅（在他年纪稍长以后），因为这并不会与过去的经历产生共鸣。如果我们让孩子产生许多次"不被爱"的感受，孩子就会变得悲观，一旦"她不爱我"或者"我不够好"这类的话语在孩子的头脑里留下持久的印记，他会倾向于曲解你的所有行为，从而肯定自己的判断。换言之，他会以你的言行为基础，杜撰自己的人生际遇。虽然这是他的杜撰，但你是戏中的一个角色，参与了演出的过程。

你不能控制孩子的思想，但可以学着认识孩子"编故事"的风格。当你不得不拒绝年幼的孩子渴望被关注的要求，而去照顾他的小妹妹时，看着他的眼睛，揣摩他得出了什么样的结论：他是不是认为"她不爱我……"或者"我不够好……"？很多成年人总是怀疑自己的能力和价值，这和童年时的经历不无关系，父母无意中的拒绝在他们幼小的心灵里留下了阴影。尽管这些生活经历多数无法避免，也无须避免，可是当你认识到孩子的想法时，你要肯定他的感受，鼓励他改变自己的结论，而不要武断地认为"她不爱我"。可以让他这样告诉自己："我不喜欢等着妈妈照顾妹妹，可是我知道，妈妈喜欢陪我玩。等妹妹睡着，妈妈就会来陪我的，我很开心。"

当婴儿被你放进摇篮，远离了令他心安的你的呼吸和触摸时，他会表达出他的恐惧；当你抱他的时间不够长，不能令他满足时，他也会感到孤单和害怕。如果内心的担忧和陈旧的文化观念阻止你把孩子抱在怀里，放到自己的床上，那么，得不到满足的孩子可能会对你的爱以及他自己的价值产生怀疑。

当年幼的孩子看见你抱着小妹妹时，他可能会害怕你不再想要他。当你制止他的行为时，当你长时间打电话而忽视了他时，当你用言语评判他时，或者当你期望他达到某个他难以企及的成就时，他会产生被否定的感觉。

对于大一点儿的孩子来说，当你对他的期望与他对自己的期望不相符时，当你没时间照顾他时，当你袒护小妹妹时，当你批评他时，甚至当你表扬他时，他都可能质疑你的爱。听起来也许有些奇怪，孩子被要求取得某种成就时，居然会质疑父母的爱——是的，他可能会认为，如果他不服从你的意愿、不让你满意，你的"爱"就会大打折扣。

在一天的时间里，我们会多次向孩子传达这样的信息：你不如别的事情重要（电话、访客、晚餐，等等），你不在优先考虑之列。我们对爱的表达并不总能弥补这些信息给孩子造成的伤害，孩子或许会看不到我们内心深处的爱，反而根据自己的感受得出完全相反的结论。

一个感到无助害怕、无法表达内心真实想法、怀疑父母是否欣赏自己的孩子不会拥有被爱的感觉，他也许会按照我们的期望去做，因为他认为爱就意味着要成功地取悦我们，博得我们的赞赏。然而，当孩子不能真实而充分地表达自己的感受时，他就无法体会到父母的爱，所以，控制和由控制产生的恐惧，会阻碍爱的交流。

对父母的爱持怀疑态度的孩子会陷入绝望之中，具体体现为缺乏安全感、表现得紧张焦虑，反过来，这样的表现又会激起父母的不满，从而对孩子造成伤害。因为父母的反应让他获得了更加充分的证据，证明自己不够好，父母不爱自己，并进一步加深绝望的情绪。

为了避免陷入这种恶性循环，我们必须向上追溯，找到引发孩子这种行为的根源——孩子没能表达出来的痛苦。他的行为越具有破坏性，说明他越渴望爱和自信。孩子对父母的爱产生怀疑，还有其他一些表现形式：郁郁寡欢、兴味索然、产生语言障碍或学习障碍、尿床、抽搐、睡眠不规律、具有攻击性、饮食失调、精神紧张、易怒等。如果孩子对父母的爱具有绝对的安全感，他就不需要通过这些方式来宣泄，而是充满自信，把时间都用在追求自己喜爱的事物上。

恢复无条件之爱的能力

如果你需要通过苦苦哀求和良好的表现才能赢得父母的爱，那么你大概不情愿无条件地付出自己的爱。当孩子的行为引起了你的不满和沮丧时，过去的痛苦经历会阻碍你感受到内心的爱，阻碍你注意到孩子潜藏在表面行为下的需求。要打破这个恶性循环，让爱自由地流淌，并非没有可能。当你无法区分自己的情绪和孩子的需求时，也许会收回爱，运用责备、否定、忽视他的权利。换句话说，责备孩子、对他生气是你的防御机制，帮助你逃避自己的感受。而这是你的思想在发挥作用，它勾起了你的过去，从一定程度上讲，你并没有意识到这一点，你也无法控制。

写下你的感受和意图，按照从第一章中学到的方法加以审视。为了帮助你认清自己的思想，要牢记，阻碍你表达爱的防御机制根植于恐惧之中。以下列出了一些制约爱的典型思想和观念，以及正确看待它们、摆脱它们控制的有效方法。

不要害怕失去控制

很多家长都曾表达过这样的观点：他们害怕失去控制、害怕被利用，或者害怕培养出不守规矩、不体谅他人的孩子。在受到这些恐惧心理的驱使时，家长们常常把爱当做一种奖赏，这样一来，害怕无法得到家长的认同就成了孩子顺从家长意志的唯一原因，恐惧就这样从家长传递给了孩子。

对于家长来说，要驱散这种恐惧心理并非一日之功，可能要花费数年的时间来不断地作出选择、有意识地提醒自己。首先，要认识到自己究竟在害怕什么，并让这些恐惧心理充分暴露，这样你就不必借由控制他人、忽略孩子的需求而极力逃避。接着，用一束"强烈而坦诚"的光柱照亮那些引发恐惧的想法。他真的学不会帮忙吗？你真的相信他会一直裹着尿布吗？他真的永远学不会礼貌吗？他真的只有在你的强迫下才会读书吗？一旦意识到这些想法并非事实，你就可以摆脱它们的束缚，回应孩子的需求和表达。

害怕被利用也是父母常有的想法，下面是在我的咨询服务中出现一个案例。

三岁的彼得坐在妈妈身边吃炒鸡蛋,吃了几口,他突然停下来说:"妈妈,喂我。"

桑迪犹豫了,彼得自己吃饭已经有一段时间了,今天怎么又提出让人喂的要求。她不悦地说:"你可以自己吃,你已经三岁了。"

"可是,妈妈,我想让你喂我。"

桑迪伸出手说:"来,握着我的手,让我喂你。"她想出了一个折中的办法,可是孩子拒绝了。

在我们讨论时,桑迪透露了自己的恐惧心理,她害怕被儿子控制、操纵。

"如果不考虑这些,你会喂他吗?"我问。

"当然,"她连忙回答,脸上露出明亮的笑容,"我喜欢喂他,每次喂他时,他都会咯咯直笑,然后我们彼此快乐地看着对方。"

在意识到引发恐惧的是她的想法,而不是彼得后,桑迪找回了自己的力量,事情掌握在她的手中,而不是儿子的手中。

当天晚上,彼得要妈妈给他穿上睡衣,抱着他睡觉,桑迪答应了。当孩子睡着时,泪水滚下了她的脸颊。过了片刻,她把孩子放在床上,说:"平常他总是很久才能睡着,今天完全不同,他睡得很香很甜。"

后来,桑迪继续向我解释,每当彼得要求得到她的照顾时,她总是犹豫不决。"他是个非常执拗的孩子,我不想让他养成依赖心理,或者习惯了随时随地让我照料。"

"你说执拗是什么意思?"我问。

"他总是……"桑迪刚开了个头,又突然停住,"哦,我明白了,"她继续说下去,"你是不是说,真正执拗的人是我?"

爱

"你说是谁?"

"我否定他的选择,还说他执拗。"桑迪笑了,她意识到,她在儿子身上看到的问题正是她需要学习之处。她决定不再古板固执地对待儿子了。

在这次咨询之后,桑迪决心回应儿子的要求,她审视内心的想法,却不受它的操控。两天之后,桑迪说彼得"变成"了一个体贴、快乐的孩子,他们时常互相拥抱,表达对彼此的爱。她说:"你知道,真的很奇怪,过去当孩子恳求我的爱时,我总是犹豫。可是我同样害怕制订规矩,害怕阻止他做有害的事,比如弄乱我的东西。当他表现得顽劣时,我不能坚定地制止,却又在心里不高兴,于是就对他发脾气。"

"你害怕什么?"我问。

"我不知道。"

"会发生什么事?"

"他可能不听我的话,那样我会感到很挫败、很无助。"

"你真的认为他会不听你的话吗?"

"那倒不是",她说,"我想我害怕的是自己。"

"是的。"

"我怕自己不值得他爱。"

桑迪停顿了一下,望着窗外,眼眶里盈满了泪水。她说:"小时候,我相信母亲不爱我,因为我不够好,我觉得自己不值得被人关心。现在,我害怕对孩子付出爱,也不敢提出自己的要求。"

当你注意到自己在压抑爱,或者不敢给出清晰的指示时,你可以问问自己："我究竟害怕发生什么？"将你内心的声音表达出来，把它写在纸上，审视这些令你与孩子疏远的思想，将你的恐惧暴露在"事实"的光线下。经过时间的推移和反复练习，你的心灵会学着把这些固有的条件反射当成审视的对象，而不是让它指引你的言行。这样，你可以轻松地做到既爱孩子又爱自己，既满足孩子的需求，又主张自己的观点。

当你因为恐惧而压抑自己的爱时，孩子可能会受到伤害，做出出格的举动。这样一来，你又会认为他的行为证明了你的恐惧十分合理，因此更要限制爱的付出。如果发生这种情况，你要控制自己的情绪并意识到，他的行为只能证明他也感到害怕，害怕失去你的赞赏，正是这种害怕促使他做出具有攻击性的举动。在孩子幼小的心灵里，不受赞赏被理解为没有价值、不值得被爱。如果对父母的爱充满信心，孩子会举止平和，关爱他人。爱就像空气一样，只有失去时，才能意识到不可或缺，而充裕富足时，我们会理所当然地沐浴其中，健康快乐地生活。要知道，恐惧只是一种感觉，并不是事实，我们可以不受它的控制，自主地决定自己的言行，这样我们就能够坦然地接受爱，并轻松地把它传递下去。

不要害怕引导孩子

很多家长能够无条件地给予孩子爱，但他们害怕对孩子提出明确的引导。其实，如果有父母的清晰态度作为指导原则，孩子更容易感受到爱。

爱

给我打电话时，亚菲正因为沮丧而不知所措。她说她没有机会带九岁的儿子外出活动，因为七岁的小儿子拒绝外出，也不肯独自和爸爸待在家里。

"以前我们出门时利奥都很好，很开心，可是现在不行了，我无法离开家。如果我想这么做，他会气得摔东西，把自己反锁在浴室里，大哭大闹。"

"从事实上讲，你究竟能否离开家？"我问。

"可以，但是我害怕利奥哭闹。"

"那么，你认为他阻止你出门，对他自己有利吗？"

"没有，"亚菲回答，"我不知道他想要什么。"

"你想要什么，亚菲？"

"孩子们的需要互相矛盾，我不知道我想要什么。"

"是啊，"我说，"正因为如此，他对你感到困惑，并且拼命想驱散疑云，认清自己的生活。"

"这么说来，他的行为只是反映了我的犹豫，因为我不能给他指出明确的方向？"

"是的。"

通话结束时，亚菲弄清楚了问题的症结，如释重负。

"怎么，现在情况如何？"在接下来的电话咨询里，我这样问她。

"我事先告诉利奥，我们不会经常出去，他有很多时间可以待在家里。我还告诉他，如果哥哥必须去某个地方，我会和哥哥一同出门。他可以加入我们，如果可能的话，也可以和爸爸或保姆一起待在家里。"

"他痛快地选择和我们一起走，没有任何麻烦，我简直不能相信。他甚至还随身带了一个玩具,赶在我前面走到了汽车旁。"

当我们给出明确的指引,让孩子可以遵循时,就等于给孩子提供了一堵可以依靠的墙,让他自由地探索和成长,不必费力地揣测究竟应该抱有什么样的希望。

当孩子了解家里的习惯,知道父母的爱恒久不变时;当孩子可以自由地表达感受,清楚应该遵循什么样的指引时,他能够适应各种不同的成长方式。事实上,在爱和尊重的背景中,在千差万别的文化和经济条件下,无数的孩子被成功地培养成人。

莫西斯和亚当是我有幸在家中接待过的两个年轻人。莫西斯作为交换学生在我们家住过一段时间,亚当则是在游学途中与我们共同度过一个暑假,这些年来,两人一直与我们保持着联系。

莫西斯和我们在一起的时候,年仅十五岁。他在一个家教严格的印第安家庭中长大,为人自信、友善、富有责任心、善于表达,周身散发着内在美和丰富的情感。他珍视自己生于斯长于斯的家庭,热情洋溢地给我们讲述他们的文化和习俗。他说,他发现自己与学校里的同学有很大不同,他不但接受这些差异,而且引以为豪。他珍惜父母给他的一切,虽然家里有严格的行为准则,但支撑这些准则的是恒定的爱,而不是专制和强迫。

与莫西斯不同,亚当来自一个信奉自由、平等的家庭,我总是被他出色的沟通能力深深打动,他的幽默感可以把任何紧张气氛转化为轻松的笑声,同时还能够维护所有人的自尊。像莫西斯一样,亚当也发现自己与同学之间的差异,但他认为,能够不受压力的影响而保持自我是他的优势，并为此感到自豪。他解释说："别人怎么看我并不重要，重要的是我对自己感到满意。"

这两个男孩子的自信来源于清楚的认识。让你的孩子对生活环境有明确的了解，这样他就不必浪费精力去担心可能的后果、猜测你的意愿，从而充分享受生活、彰显旺盛的生命力。就父母而言，他们担心主张自己的意见会妨碍爱的交流。

清楚地认识自己的家庭指的是，假设孩子享有充分而平等的权利，能够得到文化保障下应得的大部分利益，那么他需要清楚地了解：如何获得安全，如何得到你的建议，如何尊重他人的自由，感到失落和挫折时他能得到什么样的安慰。如果孩子在明确的家庭规则中成长，拥有个人自由，那么他应该明白：他的家庭作决定时遵循什么指导原则，他的社交网络如何运作，谁为之负责，如何开辟属于自己的道路。

无论你创造了怎样的家庭文化，都应该开诚布公，只有这样，你的孩子才能自信地遵守并适应。同样，对于自己在区分防御机制和真挚的关爱中所作出的努力，你也应该坦率地承认。只要你表现得诚实、率直，孩子就会对你的错误拥有强大的容纳能力。

不要害怕给予不足

我们较为强烈的恐惧之一是：缺乏足够的爱以及缺乏足够的条件来表达爱。造成这一心理的原因是：我们在幼年时只能有条件地得到有限的、少量的爱，而且我们的文化理念是：应该有条件地给予好东西。在这样的社会里，孩子可能因为看到太多的商品与服务的交换，所以不愿意无私地给予，这就导致了人与人之间关系紧张："我的友善会得到回报吗？这么做对我有什么好处？"事实上，友善总能得到回报，因为付出就是一种回报。

如果你在幼年时得不到足够的关注、亲昵和用其他形式表达的爱，你或许会把爱看成是需要争取才能得到的东西。用空气作比喻：如果爱是有条件的，那么为了得到爱，你必须不停地"大口喘息"。这种经历可能会令你时刻充满戒备和恐惧，担心自己的需要无法得到满足，从而阻碍你接受和给予的能力。有时候，内心的恐惧非常强大，以至于你与孩子之间的相处变得十分困难。专注于现在、专注于孩子，是摆脱旧日经历对你的心灵进行专制统治的最佳方法。分析你的思想，审视它的真实性，判断没有这些观念你会怎么做，然后看看自己能否从这件事中学到些什么。在你的思路清晰以后，把注意力集中在孩子身上（S. A. L. V. E. 中的S）。

要接近我们无法理解的事物，没有比爱更加有效的途径。造物主把抚育孩子成长的责任交到你的手中，你在完成这项任务时，不能把孩子变成自己创造的产物，这么做只会抑制孩子本身的神奇潜力。只要用尊重的态度来对待孩子，你就不需要育儿指南。

如果我们不加干涉，爱自然会丰富而不受限制地自由流淌。对爱进行控制就好像关上大门，然后决定在门口排队的人应该得到多少施舍，而任爱自由流淌则意味着保持双方的沟通渠道畅通无阻。当你对孩子的奉献大于自己的恐惧心理时，你将会突破限制，为孩子创造健康快乐的成长环境。

第一章
爱

培养自爱（对坚持自己权利的恐惧）

为了使爱不受约束地传达给孩子，你需要爱自己、欣赏自己，你对自己的爱能够促进别人对你的爱，从而进一步增加你与孩子之间爱的交流。只有被接受，给予才有意义。因此，接受也是爱的一部分。

害怕无法付出足够的爱的心理，以及幼年时只能得到有条件的爱的经历，让很多家长无法做到将爱的大门双向打开，他们要么渴望不受约束地付出爱，却发现自己很难做到；要么在不同程度上拒绝接受爱，认为自己不值得被爱，或者在爱面前感到难堪。由于幼时没有得到无条件的爱，很多成年人花费大量的金钱和时间去追逐爱的替代品，比如，美食、财物、娱乐、名利等，以便抚慰自己。当父母对自己的价值缺乏安全感时，他们往往不能坚持自己的意见，并因此犹豫迟疑。无法对孩子作出清晰的指导。

为了孩子，你必须治愈旧日的伤口，把以往关在门后。运用本书提供的审视方法，探索、照亮你的内心，分析自己如何被不正确的思想所误导，你就可以找回真实的自己。利用咨询、讨论、读书、艺术或其他任何适合你的途径，建立自信，培养自己关注眼前、适应现实的能力（关于如何培养自我认知能力，详见本书"参考资料"）。重新点燃无条件地爱自己的火焰，能够让你自由地付出爱，并在付出中得到收获。

要当好家长，你需要经过一个重大的飞跃，从安心于自我满足到因他人的满足而快乐。这是一条远离心理障碍、拥抱眼前现实的路。你越肯定自己的价值，就越不需要纠缠于自己的情绪、否定孩子的选择。如果你对自己的价值有信心，不去考虑如何才能赢得爱，那么，你可以自由地对孩子付出爱，并享受你对他的生活作出的贡献。而且，当你摆脱了桎梏，不再通过取悦他人或者仰赖他人的赞赏来获得自信，那么在遇到困难时，无论是在公众场合，还是在长辈面前，你都会在爱的指引下采取行动，而且不用担心将给别人留下什么样的印象。

尽管与孩子共同生活要求我们变得成熟，跳出仅凭自己的喜好安排生活的思维，但我们仍然需要关注自己的意愿。在你抚育另一个人成长，帮助他实现梦想的同时，你自己的愿望也得到了直接或间接的满足。然而，他的梦想不是你的梦想，你的目标不能依靠他来实现。在陪着孩子一同前进时，你也会取得意料之外的进步，并最终丰富自己的生命旅程。一位母亲讲述了她在育儿过程中创造个人事业的经历。

桃乐茜是一位母亲，有一个年幼的孩子和一个出生不久的婴儿。她伤心地打电话告诉我，她的事业正在慢慢凋谢，她已经停止了拉小提琴、跳舞和表演，全心全意地满足孩子们的需要。她与孩子们同睡，依次照料两个孩子的生活，尽量不请保姆和日间陪护，还计划亲自教孩子们读书。而她自己除了每周上一次舞蹈课，没有其他活动。

我们常常沉溺在习以为常的模式里，并将其作为逃避现实的一种方式。我鼓励桃乐茜探究真实的自我，认清自己的愿望。

"我想享受和孩子们在一起的生活，"她说，"可是我也怀念过

爱

去的自己。"

"如果不必再怀念过去的自己,你会更加享受和孩子们在一起的时光吗?"我问。

"是的,那样我会觉得如释重负,"桃乐茜立刻回答,"想到我一直在怀念什么,真让我难过,可是我怎样才能不再怀念过去呢?"

我建议她在当前的生活中发掘真实的激情,而不是沉湎于过去所拥有的一切。

在第二个星期的谈话中,桃乐茜告诉我,她用育婴袋将孩子背在身上,一边做事一边唱歌。

几年之后,桃乐茜接受了发声训练,并加入一个合唱团。她说自己从未如此享受音乐。后来,她的第二个孩子也喜欢上了音乐,母女俩常常同台演出歌舞剧和音乐剧。

当我祝贺她所取得的成就时,桃乐茜说:"最值得高兴的是,我成熟了,这种成熟只能从抚育孩子的过程中获得。我不仅享受自己在生活中所扮演的角色,而且还学会了对生活充满信心,珍惜每一刻。这丰富了我的婚姻、我的人际关系,以及我的所有经历。"

这里还有一个相似的例子。

一位放弃工作养育儿子的父亲告诉我,当他们的积蓄用完时,他决定在家里创业,因为他不愿过远离儿子的生活。在他最后一次和我交谈时,他的电脑程序公司正在蓬勃发展。他告诉我,这份工作比原先的职业更能激发他的兴趣,而且年仅十三岁的儿子也成了程序专家。

如果我们对已经放弃的事物感到悲伤,那是因为我们让自己沉浸在过去的岁月里。眼前的生活一直富于变化，如果你能认识到这一点，并积极投身其中，它一定不会令你失望。新的可能性随时随地都在出现，然而，当你的思想停留在过去时，你不大可能留意并享受迎面而来的新鲜事物。探索未知是生命的天性，不敢放开过去，就不能充分享受现在。一旦你有了孩子，生活便不同于往日，变得新奇、丰富，充满了变化。只要你发挥创造性，热情地迎接新的转变，你自然能够享受生命中最美妙的一段旅程。

尽管你必须照顾自己，但是没有必要把全部精力集中在自己身上，关注孩子，满足他的需求，会使你自己的需求至少有一部分能够一并得到满足；同时，能否享受付出爱与关注的过程，直接关系到你自己的得失，因为你这么做也是为了自己，你从中得到了很多乐趣。为了让育儿的过程始终充满快乐，你可以花一定的时间独处或与朋友共度，即使每天只有十分钟，也能帮助你享受生活，而不是在孩子没完没了的需求下心生不满。但最重要的是，留心引起你不耐烦和怨恨情绪的想法，分析哪些给你带来了痛苦，哪些增进了你爱孩子、与孩子共同生活的能力。

满足来自眼前。如果你给孩子读一本书时，心里却想着花园，那么，你就剥夺了自己和孩子的很多乐趣。事实上，阻碍你体验当前快乐的是你自己的思想，你可以先带着孩子去照料花园，也可以专心读书，把关于花园的想法暂时放到一边。珍惜眼前的时刻，让爱洗涤你的心灵，细心体味你对孩子的感觉。如果你的思想总是飘到花园里，你会错失这一刻的美丽。

我常常听到父母前一天还在说照顾孩子多么疲惫，第二天做同样的事却甘之如饴，其中的差距在于你自己的选择。换句话说，你和孩子在一起时可以满心不悦（希望自己在别的地方），也可以开开心心地与孩子相处。审视那些不安于现状的思想，把它们写下来，分析它们对你的影响，这么做可以帮助你关注现在、享受现在。

当然，多数人当家长时还没有掌握育儿技巧，我们似乎是"边做边学"。正因为如此，我们更要学会珍惜，不要用自己定下的条条框框来塑造孩子，这会让你错失这段美好的旅程。事实上，与孩子共同生活为你提供了一个绝好的机会——不断地突破限制，变得更加富有爱心。

在一次电话咨询中，罗宾为自己作出了选择。

八岁的艾拉有一个习惯，喜欢一边蹦蹦跳跳，一边喋喋不休地说话。她的母亲罗宾对此无法忍受，屡次制止女儿这种快乐的叽叽嘎嘎。

我问罗宾，当制止女儿唠叨的冲动战胜她的理智时，她有什么样的感受。

"我觉得烦躁愤怒，我想要安静，我想一个人待着。"

罗宾相信，她的需要就是事实，具有无可辩驳的正确性——孩子应该学会为了妈妈停止她的不当行为。她想让我教会她如何更好地控制女儿。

"艾拉的行为让你感到不舒服，你能肯定你想限制她吗？"我问，"或者，你只是想让自己摆脱这种恼怒的感觉，以便能够心平气和地倾听，快乐地和孩子在一起？"

"我当然想摆脱这种情绪，可是现在我控制不了制止她的这种冲动，心里有个声音强迫着我，没有办法。她埋怨我，我也觉得愧疚，我们的感情无法交流。"罗宾说。

"当你向内心的声音屈服，制止孩子的行为时，你想逃避什么？"我问，"如果她不停地说下去，你会有什么感受？"

罗宾的声音开始颤抖："我不知道，我只知道我想哭。"

"是的，"我说，"我理解，这勾起了你的悲伤。"

"我妈妈总是不希望我靠近她，她想远离我，"罗宾陷入了回忆之中，"我觉得她很讨厌我。可是，现在的我完全变成了她的样子，用同样的方法对待艾拉。我不想当妈妈，可是我真的希望能做一个好妈妈，我爱她。"

"你希望自己能当个好妈妈？"

"是的，是这样。可是当我去做的时候，又想要逃跑。"

"你害怕再一次感受幼年时的孤单？"

罗宾回答："是的，害怕再一次感受被我妈妈拒绝的痛苦。我从未想过，我疏远孩子是为了逃避旧日的伤口，现在，我必须在让自己成长和限制孩子之间作出选择，"她笑了，"事实上，我是在强迫她满足我的需求，迎合我的限制。是的，我想要快快乐乐地听艾拉讲话，彻底抛弃旧日的痛苦。"

"是被妈妈冷落这个想法引发了你的痛苦，你可以对它进行分析。"我向她建议，"你并不真的想冷落你的女儿，你的妈妈很有可能也是这样。不过，现在我们主要讨论的是艾拉使你产生的痛苦思想。当你听到内心的声音说'我受不了了，她必须停止'时，花一分钟的时间提醒自己，把它写下来，仔细分析。你真的想制止孩子讲话吗？"

"不，我希望她自由自在。"

爱

"你能想象出如果这些令你恼怒的思想不在脑海里出现,你会怎么看待她的喋喋不休呢?"

"我不知道,我从来没有过看着她不停地说话却不觉得恼怒的时候。"

"想象一下,假设你成功了,你的女儿顺从了你的意愿,不再喋喋不休,你会有什么感觉?"

"哦,天啊,太可怕了!嗯,我明白了……如果我不再认为她的行为令人恼怒,我会希望她继续做她自己,自由、活泼、快乐、善于表达。"

"当你不再受这些思想牵绊时,她也会获得自由。"

"是的,是这样。没有了那些思想,我会一心一意地爱她。"

"那么,你能把自己对女儿的期望看做一个教训,从中学到一些东西吗?"

"哦,是的,如果我制止内心的唠叨,我会更加快乐。哇!是的,她应该做她自己,而我可以爱她!"

每当对孩子的限制阻碍了你的爱和宽容时,你总有机会解脱这种束缚、赢得自由。你对自己的爱是否强大到足以使你摆脱情感的牢笼?正如你支持孩子战胜恐惧、继续前进一样,你也可以同样地鼓励自己。当你选择了爱,把旧日的痛苦抛在脑后时,你的孩子也会学到这种能力。

宽容并不是要你一味地牺牲和妥协自己的需要,而是要让你学会将正当的需要与盲目的限制及旧式思维加以区分。当你发现自己想要控制或者想要逃避时,带着爱心来审视这些思想,但不要让它指导你的言行，请专家或朋友帮忙分析你的这些关于孩子、关于自己的想法是否正确。如果孩子看到你屈服于情感上的各种限制，那么他无法学会关爱自己，反而会从中获得软弱和恐惧。当孩子迎合你的限制时，他将逐渐对自己的情感和他人的情感产生恐惧心理。反之当孩子体会到你的和蔼与慈爱，看到你满怀信心地照顾自己时，他会学着体贴你的需求，变得与你一样和善与宽容。

爱的交流不能依靠别人"给予"。如果在你的生命中，有一个成年人能够向你传授经验和方法，自然是一种福分，但这并不是一个必不可少的条件，真正重要的是你自己的体会和学习。情感上的满足能够促使你关注现在，欣赏自己，而这又会进一步增强你珍视孩子的本性、欣赏孩子成长过程的能力。

爱自己还能够帮助你解放孩子，不让他把对你付出爱当做一种负担，因为孩子的存在并不是为了爱你、感激你，或者完成你的梦想和愿望。你自然希望他的出现能够丰富你的生活，使它更有意义，更加温馨，并对未来指出方向——但是，你不能把自己与孩子的关系建立在这些期望之上。如果你给孩子制订种种计划，并希望他能一一实现，那么你是在满足自己的需要，而不是在满足孩子的需要。

有些家长把关注孩子和利用孩子满足自己的梦想混为一谈。关注他人的需要意味着为他付出，使他可以更好地走他自己的路，而不是替他进行规划，以便满足你自己的需要。如果你关心孩子，那么你应该把注意力集中在孩子身上，而不是自己身上，但在为孩子付出的同时，还必须学会独立地照顾自己。

参与孩子的成长历程之所以能给人带来难以置信的快乐，是因为你并非主角。如果你不干涉孩子的"道路"，那么你可以关注眼前，远离习惯思维的唠叨。不要把你的计划强加给孩子，这样，孩子奇妙的成长之旅会自然地铺展，引领你到达一个陌生而新鲜的所在。事实上，陪伴孩子成长就等于探索新大陆，关注眼前才是最合理的方式。

取悦父母

如果你和大多数人一样，需要达到某些条件才能获得他人的接受，那么你或许会发现，自己在选择育儿方式时也总希望符合你的父母或者其他人的期望。在这个方面，你同样应该建立自信或者咨询专业人士，这比依靠自己的想象或父母的意见更有帮助，要知道，爱孩子意味着不能为了维护自己的好父母形象而不满足孩子的需要。在我举办的一次讨论会上，一位母亲与大家分享了她在这个问题上的经历。

四岁的内森仍然在使用尿布，他的父母信任他，不想对这件事大惊小怪。

当莉莉姨妈来访时，她显得很惊讶，开始与内森讨论使用厕所的问题。一天早晨，她对内森说："如果你去上厕所，然后穿好衣服，不垫尿布，我就带你去公园散步。"内森拒绝了姨妈的提议，转身走开。

"来吧，你能做到的，我们会玩得很开心，路上我还会给你买糖果。"莉莉姨妈一边说一边朝他走去。

尽管并不赞成莉莉这个明显带有控制性的方案，内森的母亲玛莎还是说:"没关系,内森,你可以试试,也许不垫尿布出去很好,你会玩得很开心。"

内森愣住了,看到妈妈也不站在他这边,他感到既困惑又无助。

"怎么样?"莉莉姨妈说。

内森又看了妈妈一眼(希望得到她的支持),然后跑进自己的房间,哭了起来。

玛莎的不自信导致她否定了孩子的需要,即使我们当中最自信的人,也难免会掉入取悦亲友甚至陌生人的陷阱之中。对此,你不需要感到内疚,而应该留意,尽量减少舍本逐末的次数。玛莎就很好地控制了自己,及时调整了方向。

内森从自己的房间跑出来,挥起小拳头捶打他的母亲。

"哦,不能打人。"莉莉姨妈说。玛莎做手势制止了莉莉,然后问内森:"你不高兴是不是因为你想自己决定自己的事?"

"是的,是的。"他说着停下手上的动作,生气地坐在地板上。

"如果刚才让你自己作出选择,你会高兴吗?"玛莎一边问,一边轻轻地抚摸他。

内森停下不断乱踢的双腿,说:"是的。你不爱我,我恨你,妈妈!"

"当莉莉姨妈要你不垫尿布和她一起出去玩时,你希望我告诉她,不要干涉你的事,是不是?"

"是的,你是我的妈妈,她又不是。"内森抽泣着说。

"你说得对。你想垫多久尿布都可以,我会告诉莉莉,你的事由你自己决定。"

她转向莉莉："内森想要自己作决定。"

"哦，好吧，"莉莉说，"不管怎么说，我们还是出去散散步，买点糖果吧。"

"我不想去。"内森说。

于是，三人重新制订计划，一起度过下午的时光。

爱孩子就是要坚定地和他站在一起，不在乎别人的眼光，因为作为家长，你的责任是维护孩子的自尊和利益。这样，在尊重孩子的同时，你向人们展示了另外一种可能性，他们或许会从中得到启发。

保持一致性

家长们常常认为，在回应孩子的需求时，他们的态度应该始终保持一致。为此，他们有时会做出一些伤害孩子、让孩子生气和失望的事，因为他们害怕前后不一致的表现会令孩子困惑。然而，唯一应该保持一致的是你的爱，当你的行为与爱相抵触时，孩子不仅会感到困惑，而且会被伤害和误导。这个时候，你就背离了爱的本性。

需要改变的是规则，而不是爱，爱应该始终如一地指导你的行为。扪心自问："孩子感受到我的爱了吗？当我责备他，坚持要他整理房间、做功课、吃饭时，我是否把爱抛在了一边？"如果孩子勉强顺从了你的意愿，却在心里感到委屈和不满，那么即使他整理了房间,又有什么意义呢?如果他认真地做功课,得到了高分,却仍然对你的爱缺乏安全感,那么他的成绩又有什么价值呢?还有什么事能够比爱一个人,让他对你的情感深信不疑更为重要呢?

窗

我正在精心准备
即将到来的演讲,
我把稿件放进公文包,
这时一只球穿过了窗户,
玻璃四处飞溅
像一万把小刀
散落在客厅各处。
那一刻我感到怒火上扬,
这座房子从来没有一刻
能够整洁清静,
我还要花一笔钱把窗户修好,
暂时用纸板或木板
代替破损的玻璃窗,
想到我们要费力地
清扫这些碎玻璃,
我更是怒不可遏,
因为我知道我的演讲将会迟到。

我听到你那对四岁的小脚
跑上楼梯,
我看到你那双细小的手臂
推开房门,
你抬起目光看着我,
湿润的眼睛小心地寻找。
这一刻改变了历史,
我把你拥进怀里,
"你受伤了吗?
这只是一扇窗户,
我们可以把它修好。
你没有受伤,
这对我最重要!
这只是玻璃,
而你是我的儿子。
我爱你!
来吧!让我们来清扫。"[3]

布鲁斯·林坦博士(Bruce Linton)

我常常提出一个问题:孩子是不是真的非常敏感,以至于我们要如履薄冰地保护他们的情感?我的回答是:不,我们只需要"踏着"爱前进。孩子可以忍受艰难的时光和严峻的考验,只要他们能够相信我们的爱,充分地表达自己的感受。当他走在你用爱心为他铺就的地毯上时,他会很快恢复乐观和机智。

注释

①Beloved Prophet, *The Love Letters of Kahlil Gibran and Mary Haskell, and Her Private Journal* (Knopf, 19720)。

②利奥·巴士卡力, *Love: What Life is All About* (Ballantine Books, Reissue 1996)。

③布鲁斯·林坦博士,《窗》这首诗出自"*Wife, Son, Daughter: A Father's Poems*"(Fathers Forum Press, Berkeley, CA, 1995; ISBN0964944138; with permission)。

第三章
自我表达

尽可能提供机会给孩子，让他自己作选择。

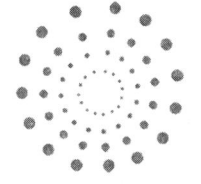

孩子的情感爆发

流泪、欢笑、用语言表达情感和思想是人类特有的能力。通过把心里的想法表达出来,我们维护了情感健康,赢得了继续前进的自由。尽管有些人能够做到制止内心的杂音,坚持自己的方向,但大多数人仍完全依靠思想来指导生活,因此我们需要求助于其他手段来应对思想带来的不良反应及伤害。此外,自我表达还是在自己和所爱的人之间创造交流的一种方式。孩子通过自我表达,不仅能

自我表达

维护情感健康，而且有助于其智力和社交能力的发展。

制止孩子充分表达他的感受并不能抹杀这种感受的存在，被抹杀的只是孩子的表达权利。当孩子不能或不敢充分表达时，他的感受会郁积在心里，导致他郁郁寡欢，而这通常会造成多种生理、行为和发育问题，包括好斗、消沉、痉挛、冲动、学习障碍、睡眠失调，等等。

多数人喜欢甚至鼓励孩子用欢乐的笑声、活跃的创造力和其他令人愉悦的方式自我表达，然而，当孩子发泄苦恼、愤怒、嫉妒、孤独、失望或悲伤时，却倾向于制止这些正常情绪的表达，从而阻碍孩子的发育，影响他的情感健康。我们时常忙于解决问题，却忽视了关注孩子释放感情的需求。很多小事情，比如擦伤膝盖、取消出访、受到冒犯或感到失望，并不需要解决方案，虽然孩子的反应可能是痛哭流涕或怒气冲冲。尽管我们必须避免对孩子的反应火上浇油，但我们可以平静地倾听、肯定、放任他的表达，这样，孩子可以依靠自己的能力处理不悦的情绪。

当孩子得到充分的聆听后，他从普通的情感伤害中复原的能力相当惊人。他的自我表达也许如和风细雨，也许如雷霆大作，但不管怎样，只要能让充满关爱的父母或其他成年人倾听、了解，他就可以迅速从愤怒和泪水中解脱出来，仿佛什么事都没有发生过。思想对孩子的控制力还没有达到像对多数成年人那样牢固的程度，因此，孩子可以摆脱负担，轻松前进，只要我们不通过阻止他的表达或加入自己的反应来限制他的情感。

只有在很少数的情况下，孩子会不顾你的倾听和支持，反复不停地表达他的不悦，这时，你可以推测当前的情景引发了孩子的痛苦回忆，勾起了他过去未能完全得到安抚的情绪。你的存在和关注使他能够放心地消除往日的痛苦，所以他的愤怒和哭泣会持续很久，而你的倾听具有促进伤口愈合的功效。在这一章稍后的内容中，你会看到孩子利用当前事件释放旧时伤痛的一些例子。

要避免把你的感受强加给孩子，耐心地等待，让他自己决定应对的方式。在孩子尚未形成自己的反应、明确自己的情感之前，"哦，不，这真让人伤心"或"你一定很难过"之类的话并不能提供帮助给孩子，他可能会不假思索地接受你的观点，而由此形成的态度甚至会影响他的一生。相信你的孩子，如果他需要表达感受，他不会犹豫；如果他不需要，也不应勉强。他是否需要表达不该由你决定，他怎样表达也不该由你决定，无论如何，他表达的应该是自己的真实感受。如果他能够不以为意，不要诱使他心生不悦；如果他诉说和哭泣，肯定他的感受，但不要过分渲染。在多数情况下，经过短暂的表达之后，孩子就不再纠缠其中，而我们想要加以制止或渲染的行为，反而延长了这一过程。

身为顾问，我常常听说孩子们快速恢复的故事。在第一章里，奥娜很快摆脱了因为不得不离开游泳池而产生的不快，在她的母亲倾听并肯定了她的感受后，立刻投入了现实的怀抱。如果家长表现出忧虑的情绪，孩子也会复制这种感受，并沉浸其中，一旦家长学会让愤怒和悲伤消失于无形，他们就会惊奇地看到，孩子同样会轻松地前进。

塔玛拉打电话给我，询问如何应付女儿莎拉不断发作的坏脾气。"积木倒了，她会哭；香蕉断了，她会尖叫。任何事都会让她焦躁

自我表达

不安。"

我问塔玛拉，通常遇到这种情况时，她会作出什么样的反应。

"我急忙帮她解决问题，给她一根新的香蕉，重新搭起积木，或者想方设法补偿她。"她说。

"这些事真的令你女儿如此焦躁吗？"我问。

"看起来是这样。"塔玛拉说。

"是啊，在你看来，她无法应付这些情况，因为你在内心里认为她没有这样的能力。可是，你真的肯定她无法独自处理，想要你帮她解决吗？"

"不。"

"那么，当你急忙赶去帮她，认为她没有能力独自处理时，你有什么样的感受？"

"哦，我明白了，"她说着笑出声来，"我觉得自己没有能力让她开心，感到焦躁的人是我，在她身上发生的每一件事都让我紧张慌乱，我帮她处理一切其实是为了我自己。"

一旦塔玛拉意识到，她的反应来自自身，而不是来自孩子，她便不会把女儿看做需要帮助的人。塔玛拉明白，如果想要莎拉发现自己的力量，她就应该面对倒塌的积木，她可以因为一次被取消的活动或一根不能替换的香蕉而哭闹，只要妈妈不暗示她无法承受，她就有力量独自解决，并发现自己感受、表达和前进的能力。

事实上，对莎拉焦躁情绪的制止正是使她感到无助，并因为一点小事就爆发的原因所在，她会利用每一个无论多么微小的理由，来充分体会自己的感受。在得到解救时，她感到无助，因为她的正常历程遭到了阻断。让她经历并克服挑战，她会发现自己的力量。

在接下来的一周里，塔玛拉取得了突破。她告诉我，莎拉正在画画时，水罐里的水泼洒出来，毁了她的作品。莎拉尖叫起来，塔玛拉拿起水罐，想要作一些弥补，以便消除莎拉的焦躁情绪，这时，她突然想起，应该给予莎拉关注，而不是将她从（安全的）困境中解救出来，于是，塔玛拉准备倾听并肯定莎拉的感受。

"这是我画得最好的一幅画。"莎拉哭喊着跌坐在沙发上，不停地踢腿、尖叫。

"你不想把画弄湿。"塔玛拉说着坐在莎拉身边。

"是的，我想要它原来的样子，我差一点儿就要画完了。"

"你是不是担心自己不能再画一幅同样好的画？"塔玛拉问。

"我画不出这样的画了。"莎拉的尖叫变成了抽泣。塔玛拉伸手去抱她，她拒绝了，可是抽泣了一会儿之后，她慢慢地靠近妈妈。

又哭了几分钟后，她渐渐安静下来。塔玛拉没有说话，但一直在关注她。

"我看得出，莎拉在思考，她看上去很平静。"塔玛拉告诉我。沉思了一分钟后，莎拉站起来，去玩布娃娃了。当天晚些时候，她竟然又画了一幅画，并且为自己的创造力兴奋不已。

塔玛拉完成了一个很大的转变，从帮助莎拉改变现实到鼓励莎拉面对现实，她分享并肯定了莎拉的感受，而不再是急着把孩子从困境中解救出来。塔玛拉没有用"哦，没关系，你可以再画一幅"这样的话来否定孩子的感受，而是倾听并肯定了莎拉的想法。真切的感受并不意味着真正的事实。当莎拉平静地面对损失，没有逃避内心的感受时，她获得了重新创作一幅画的力量。自由地表达自己

第二章 自我表达

的感受之后,她轻松地继续前进。只有当我们珍惜现实,而不是对抗现实、渴望被拯救时,我们才能感受到幸福。当孩子拥有选择的权利时,他能够从中学会满足。

有我们心平气和地陪在身边,孩子必定会得出这样的结论:激烈的情绪是人生的一部分。当他能够从容地面对自己的情绪时,他的内心会变得平和宁静,他会知道自己不必害怕挑战和随之而来的各种情绪,他也将学会直接面对这些经历,并以强大的力量和责任心解决问题。暴风雨过后,他的头脑会变得更加清晰,他的行动会变得更有效率。

孩子甚至有能力认识到,自己本身比头脑里的消极思想更加强大。十二岁的卢克就是这样。

卢克和家人一起在我家度假。一天晚上,我和他说起了人们的思想,谈论思想是如何产生、人们如何在思想的指挥下做自己不愿做的事情。

第二天,卢克和弟弟提米坐在餐桌前吃东西,突然,他们同时向钢琴冲去,大喊大叫着想把对方推下钢琴凳。

"我说我要弹钢琴,我说了之后,你赶紧跑过来,赶在我之前到了这儿,应该我先弹。"提米说。

"你没说之前我就想弹钢琴了。"卢克反驳。

"不,我说了之后你才开始跑的,你当时正在吃东西。"

"是我先想到的,所以你还在说的时候我就先到了这儿。"

突然,卢克站起来,离开了钢琴。在去另一个房间的途中,他遇见了我,笑着说:"我控制住了自己,都是那个愚蠢的想法要我和提米争抢，我其实不想弹钢琴。"

这么小的孩子就能把思想和真实的自己区分开，实在难能可贵，你可以以他为榜样，培养自己的自我认知能力。

勇气

在关注哭泣或生气的孩子时，你可能会感到不安甚至惊慌，认为孩子没有能力摆脱眼前的困境，事实上，这种担心只是来自你自己的不安。因此，急于把孩子的注意力从伤害或沮丧中转移开、弥补孩子的失望或弱化问题的重要性，这些是你对自己的焦虑情绪作出的反应，与孩子无关，不利于孩子培养乐观的性格，以及面对困难、解决困难的能力。要想掌握这些本领，他必须经受感情的暴风雨。

当你想要制止孩子表达不悦的情感时，问问自己，你的目的究竟是什么。也许你是想让他永远开心，因为你觉得他难以承受这些痛苦，如果"事件"发生在公共场合，你也许担心自己的"好家长形象"受损；也有可能，你需要制止他是因为你赶时间，或者被他吵得心绪不宁。然而，当你阻止孩子表达受伤的情感时，他会把痛苦埋在心底，感到迷惑和孤独，同时，你也失去了与他深入交流、了解引起他不安的原因的机会。他能学到的只是逃避自己的感受，不与他人交流，他会认为自己太软弱，不能经受任何困难，并把这种感觉深深地刻在心里。实际上，多数人怀着良好的意愿却教给孩子痛苦的情感，这种行为是可怕的，应该尽力避免。

一些男人告诉我，他们没有任何情感表达方面的问题，孩子可以想怎么发泄就怎么发泄。对此，我并不提倡。对孩子的恳求漠然不顾、无动于衷与给予孩子爱的关注并不相同。如果你可以面对孩子激烈的表达而"泰然处之"，那么，孩子很可能觉得你的存在是一种情感上的压迫而非慰藉。这与阻止孩子表达产生的效果相同，因为你的冷漠告诉他，他不应该把自己的感受表达出来。

试图把孩子的注意力从情感风暴中转移开，这种努力只能是徒劳。为了更加充分地理解这一点，想象一下你刚刚听说母亲行将离世，或者伴侣提出离婚，你绝望地去找一位朋友，渴望在他的支持中诉说、哭泣或者发泄怒火时的情景：你刚开始表达情感，你的朋友就提出建议，试图转移你的注意力："让我们去看电影吧，这样你就不会想那些烦心事了。"我想，事实上你更希望朋友能够认真倾听你的诉说，不去理会电话和各种琐事的打扰，把全部精力集中在你身上。

孩子也有同样的需求。如果你年幼时总是被家长用补偿或转移注意力的方法从感情风暴中"解救"出来，或者从不敢表达自己的感受，那么在面对孩子的不悦时，你或许会感到心烦意乱。可是，通过倾听孩子的悲伤和愤怒，同时留意自己的想法和情绪，你会恢复面对所有情绪的能力，不再想要逃避。这样一来，你就能够探究引起某种情绪的想法，并开始理解自己思维的运转方式。在了解了原因（思想）和结果（情绪和反应）后，你将更清楚地了解自己，无所畏惧地体会自己的各种感受，并认识到焦虑的情绪对自我认知的好处。

人们之所以害怕痛苦的感受，正是因为他们拒绝表达，否定自己的情绪反而会使这些情绪显得更加可怕和强大，因此，多数成年人将自己的情绪看得过于严重。相反，如果能够自由地表达感受，孩子就会把情绪看成是人的正常经历。如果你不让他认为受伤的情绪有什么不妥，他会得出正确的结论：这些经历是生活的一部分，面对这些情感，不需要担心、恐惧、逃避，或者小题大做。当得到充分表达时，情绪自然而来，自然而去，人们可以理智地作出选择，不因逃避恐惧和痛苦而迷失方向。

以下列出了家长阻止孩子自我表达时常用的方法及其预防措施。

否定

否定是制止孩子（或自己）自我表达的主要方式——大多数人习惯于这么做，仅仅因为这是一种习俗。否定有时表现为沉默和逃避，有时则体现在语言和行动之中。举个例子，莉娜三岁时，非常害怕留长头发和大胡子的男人，她的母亲起初很不理解这种感受。

一天，在出行的途中，莉娜的父亲停下车，与一个留着又长又黑的头发、长着大胡子的熟人聊天，这个人的面孔占据了整面车窗。坐在汽车后座上的莉娜沉默了一段时间，然后焦虑地问："我们可以走了吗？"她的母亲不假思索地告诉她，那个长发男子是"好人"。"不，他不是！"莉娜坚定地回答。显然，她需要表达自己的不适，不希望母亲否定她的感受。

"哦，我明白了，"母亲认识到了自己的错误，"你不喜欢他。"

"不，"莉娜说，"我想走。"

他们离开那个男子后，莉娜说："他并不是很可怕，我只是不喜欢他。"

莉娜能够探究自己的真实感受，是因为她的感受没有被否定、被移除，她的自我认知能力帮助她快速地从对大胡子男子的焦虑情绪中恢复过来。

熟悉你所习惯使用的否定语言，能够帮助你在脱口而出之前控制住自己。以下列举了一些否定孩子的感受和表达的语言：

- ★ "事情没有那么糟糕。"
- ★ "是什么让你这么不安？"
- ★ "我看不出有什么问题。"
- ★ "又不是世界末日。"
- ★ "哦，没什么，你很好。"
- ★ "什么事也没有。"
- ★ "没关系，你没事。"

这些话会让孩子感到委屈或迷惑。对于一个感到害怕或难过的孩子来说，确实发生了一些让他不安的事，对此你不应该否定，而应该肯定他的感受，从而给予孩子情感上的支持，并适时提供一些有用的信息。当孩子因为摔倒而哭泣时，我们可以抱着他说："擦伤的地方痛吗？"或者"你是不是担心伤口不会好？"如果他噙着眼泪点点头，我们可以说："我知道现在很疼，但很快就会好的。"从而使他安心。处理受伤的膝盖很有必要，然而制止他哭泣和尖叫却大可不必。我们的任务是给他相关的信息，并倾听他的情感表达（S. A. L. V. E. 中的 L），让他知道他想哭多久都可以，他的感受没有错。鼓励（S. A. L. V. E. 中的 E）能否产生预期的效果，取决于我们是否具有良好的态度——倾听，但不渲染。孩子可能会夸张地告诉自己一些并不属实的话，比如"我再也不能走路了"，我们不能加强他的这种心理活动。当家长倾听并用平和的语调肯定他的恐惧时，他会感受到，我们相信他具有跨越困难的能力。

有时候，否定会摇身一变，成为轻松的评论，然而它一样会剥夺孩子自主地体会自己的感受、信任自己心声的权利。当孩子说"呸，我不想吃这个"时，我们回答"哦，但是这个很好吃"，同样，我们否决了他作出的决定。如果一个六岁的孩子瞟一眼晚餐，然后决定不吃，或者要求吃一根香蕉，那么，他的选择需要得到我们的尊重。如果一个少年说你给他买的外套"不酷"，那么他认定的现实无法被说服。当年幼的孩子在游乐场玩耍，僵持在滑梯顶端，吓得不敢动时，"不要害怕，你能做到"这样的话与他想象长长的下滑过程时心里的感受相矛盾。事实上，自信和自立正是在他从滑梯顶端评价眼前的形势并作出自己的决定时建立的。为了鼓励他，你只需放松而充满信心地看着他，如果他对你讲话，告诉他你了解他的感受，"我听到你说很害怕，不能肯定能不能滑下来，不要急，你可以慢慢决定"。然后依照他的意愿，伸手帮他、掉开目光或者把他抱下来。

以下列举了家长在否定孩子的选择时常用的一些语言，同样，意识到这些语言是消除它们的第一步：

★ "无论如何，还是试一试。"
★ "为什么不做一次呢？"
★ "试试这个——这个更好。"

自我表达

- ★ "你不想要这个垃圾,是吧?"
- ★ "你已经玩得够久了。"(当他想继续玩时)
- ★ "你累了。"(当他想继续跑时)
- ★ "你一定饿了。"(当他拒绝吃饭时)
- ★ "但是你喜欢和苏珊玩。"(当他拒绝小伙伴时)
- ★ "你能做到。"(当他心存疑虑时)
- ★ "不要害怕/害羞/不安。"
- ★ "没有必要哭。"
- ★ "可是你会感到冷的。"(当他脱下外套时)

即使孩子作出了一个具有潜在危险性的选择,及时肯定他的情绪也还是很重要的。比如,你的孩子因为追猫跑上了一条交通繁忙的道路,你尖叫一声抓住了他,这时你可以问:"你是不是担心猫会跑丢?"肯定由于你突如其来的干预使他产生的情绪同样很重要:"我尖叫着突然抓住你,是不是把你吓到了?"等他作出回答后,你可以抱着他,与他分享你自己的感受:"看见你跑上马路,我吓坏了,把你安全地抱在怀里让我觉得很安心。"

家长们常常责备做出危险举动的孩子,他们希望通过自己的愤怒使孩子不再重复这些不安全的行为。然而,害怕家长生气并不是避免危险的正确理由,而且这么做并不安全,因为这个理由不能持久地发挥效力。你应该让孩子在理解的基础上关心、维护自己的安全,他会被你的爱和信任感动,并从中受到鼓励。

在一次家庭关系咨询会上,康妮讲述了她对女儿的危险行为作出的反应,以及她如何表达自己的感受,与女儿进行交流的过程。

两岁的吉尔兴奋地看着叔叔家的壁炉。在此之前,她从来没有见过壁炉。她的父亲告诉她不能靠近炉火,并耐心地解释原因给她听。她从一个安全的距离远远地看着叔叔把木材堆放在纸上,点燃了火。然后,大家坐下来吃晚餐。

趁大家不注意的时候,吉尔离开椅子,手里拿着一张报纸慢慢靠近炉火。突然,她的母亲康妮尖叫起来:"吉尔!不!"她冲过去,在吉尔弯腰把报纸扔进炉火之前抱住了女儿。

吉尔大哭起来,康妮想要责备吉尔不听父亲的话,可是吉尔的哭喊给了她时间,让她重新思考自己的反应。于是,她没有对孩子发脾气,而是说:"当我看见你拿着一张报纸站在炉火旁边时,我真是吓坏了,我怕你会烧到自己。"

"把报纸丢进火里。"吉尔抗议道,她似乎并没有因为母亲突如其来的举动而受到惊吓,但因为自己的行动被打断而感到不高兴。

康妮肯定了她的感受:"我知道,你正准备把报纸丢进火里,就被我阻止了。你是不是想让炉火燃烧得更旺些?"

康妮抱紧吉尔站在炉火边,吉尔说:"妈妈,你把报纸丢进火里。"

康妮把报纸揉成一团,小心地放进火里,同时告诉吉尔,不要靠近炉火,如果想让炉火燃烧得更旺,就找妈妈爸爸帮忙。

尽可能经常提供机会给孩子,让他自己作选择。不过,当你必须限制他的自由时,应该采取尊重而和蔼的态度,并对你的选择作出解释。即使孩子的选择和质疑令你反感,只要不会造成伤害,就应尽量控制向他发号施令的冲动。运用 S. A. L. V. E. 原则,将你个人的反应与孩子身上发生的事情区分开，审视你的想法，看看它们是否有意义，关注、倾听、肯定、鼓励，并给出有用的信息。孩子有权尝试、犯错，并体会这一过程。比如，三岁的孩子只有尝试过才知道自己提不动你的衣箱，十一岁的孩子只有尝试过才知道自己无法在超市找到一份工作，经过这些努力，孩子至少能够证实你的想法是正确的。如果他对结果感到失望，你要做的就是倾听并肯定他的感受。

当孩子独立地找到答案时，他会学着勇敢地去面对失败，把自己看做主动的参与者而不是被动的受害者。既然不能责怪或怨恨别人，他就会对自己的事负责，而且他还能从亲身经历中获得第一手的宝贵经验和教训。当他在你的关爱下可以充分表达自己的感受时，这些经历会变成宝贵的奠基石，为他铺就一条通往自信和智慧的道路。

转移注意力

转移注意力是另一种逃避或否定情感的方式。当孩子不高兴时，给他一颗糖或者带他去参加一项有趣的活动，是在教他逃避自己的感受。擦伤的膝盖或丢失的玩具会引起伤心和难过，这样的痛苦不会因为吃好吃的东西或注意某些吸引人的事物而消失。当你转移孩子的注意力时，会潜移默化地向孩子传达一种观念，让他认为拥有这些感受是一个错误。"妈妈不想让我表达痛苦，我不应该感到难过，也不应该流露出伤心，我应该马上去做别的事情，应该逃避所有不愉快的感受，不能冒险，因为结果很糟糕。"这样的想法不会带来快乐，只能带来软弱和害怕。当我们转移孩子的注意力时，会使他产生这样一种想法，眼前的现实是不好的，应该设法克服。然而，只有学会面对现实、解决问题，不因恐惧而畏缩，自由而主动地让生活变得丰富多彩，才能赢得快乐。

转移孩子的注意力还可能是引发孩子日后吸毒、滥用止痛药的原因之一。在这种教育方式下，孩子长大后很容易屈从于压力，因为他们对困难的承受能力相当低。对不悦感的逃避限制了孩子创造丰富、活跃的生活的能力。

如果孩子能够把伤害和困难看做生活的一部分，那么他会从这些经历中获得适应能力。因此，当我们发现自己想打断孩子的行为、帮他处理困难、分散他的注意力或向他提建议时，应该及时控制自己并进一步分析驱使我们产生这些冲动的思想。尽管我们认为自己是出于好意，但是在多数情况下，我们会发现，没有了我们的灌输，孩子做得更好。

逃避

逃避是指假装没有注意到孩子的表达，希望其自行消失。有些家长认为，面对孩子不悦的表达时，不给予关注就不会"强化"他的感受，因此，孩子的这种感受会随着时间的推移逐渐减弱。对于这种思想的分析，可以归结为一个问题：为什么我们想让孩子的感受和表达消失？毕竟，我们都希望充满感情地体会生活。人们总是投入大量的时间和精力去激发强烈的感受，缺少了各种情感，生活就像一潭死水，枯燥沉闷。更何况，孩子的情感会激发你的情感，提供给你完善自己的机会。你对自己的了解（S. A. L. V. E. 中的S）和对思维的澄清，可以帮助你更好地了解孩子。

如果你发现自己在采用逃避的方法，请务必耐心而宽容地对待自己，同时警惕不要陷入别人为你建造的窠臼。可悲的是，逃避痛苦感受的孩子会减少或停止表达自己的感受，甚至不再接纳这些感受，变得麻木而难于沟通，一些心理较为健康的孩子则会通过挑衅性的行为使事件升级，最终引起我们的注意。

此外，当家长采用逃避的态度时，孩子的需求无法得到满足，这会导致孩子在压力下产生多种行为障碍。面对孩子的情感释放，我们应该对他的需要（稍后我们将会看到，所谓的需要并不一定是他当时想要的东西）给予关注，作出积极的反应。

引发恐惧

引发恐惧是另一种制止孩子表达感受的常见方式。否定、逃避、转移注意力已经足以抑制孩子的自我表达，因为他从这些反应中接收到的信息是：当他情绪波动时，会失去你的赞赏。如果他在发怒、沮丧或流泪时受到责备、贬损或惩罚，他的恐惧很可能转化为胆怯、顺从或者主动的挑衅、对抗。

保证孩子的情感自由，意味着在他为失去的猫哀伤时、为破损的玩具愤怒时、为不知选择哪件衣服烦恼时，始终如一地爱他。当我们重视孩子的感受并尊重他的表达时，孩子会自然而然地接受它们。审视并治疗你自己对于这些感受的恐惧心理，以便孩子可以放心地在你面前充分地表达，这样他会逐渐培养出体会情感的勇气和继续前进的能力。

有些人可以让痛苦的感受从心头掠过，然后快乐地继续前进，并不需要表达出来，这与压抑情感是两种截然不同的情况。压抑意味着将痛苦埋藏在心底，而让痛苦掠过意味着受思想与情绪的影响比较小。即使你不需要表达出来，就能够轻松地让情绪消散，你也应该意识到，多数人，包括孩子，如果不表达出自己的感受并得到肯定和关注，就无法继续前进。你的轻松闲适能够帮助孩子将情绪视为路边的风景，不影响自己前进的脚步。

尊重自己的感受并不意味着沉溺其中，恰恰相反，当我们可以自由地释放情感时，它们会顺利地得到排遣，使我们恢复勇气并变得坚定。全面地体味当前的生活，有助于我们消解痛苦，清醒地迈入下一段旅程。

哭泣

人类拥有强大的情感承受能力，为了应付强烈的情感，我们被赋予了哭泣的本领。孩子天生会哭，我们必须学会理解他们的交流方式，同时支持他们通过哭泣恢复心灵的健康。及时对孩子的哭泣作出反应，会让他认识到他有力量掌控自己的生活，并且让他知道，他可以信任我们，他对我们很重要。当婴儿渐渐长大时，除了泪水，他也开始使用语言和手势进行表达。

很多家长对于分辨婴儿的各种情感表达感到棘手，事实上，婴儿的哭泣多半是在提出一种渴望得到满足的需求。然而，即使是婴儿，有时也会为了哭泣而哭泣，也就是说，哭泣就是他们的需求。

在我的一次育儿讲座上，关于婴儿哭泣的问题被提了出来，特里萨因为孩子难以平息的哭泣而沮丧不已。

自我表达

"我尽一切可能来安慰他、照料他，轻轻地摇晃他，和他玩耍，发出各种声音逗他，放水给他洗澡……可是，每当夜晚来临，他仍会哭泣、尖叫，仿佛受到了很大的伤害，什么都不能使他平静。"

关于这一问题的讲座结束后，特里萨决定尝试肯定孩子的情感。

"起初，我试了各种抚慰他的方法，从哺育到旋转木马，后来，我抱着他坐下来，停止了所有努力。"

"我审视了自己的思想，意识到需要安慰的人其实是我。因为我告诉自己，孩子哭意味着我是一个坏母亲，一定是我什么地方做得不对。"

"当他略微停顿的时候，我常常希望哭泣就此停止，可是没过多久，他又继续号啕大哭。这一次，在他停顿的时候，我没有摇晃他，没有给出任何暗示希望他停止哭泣，只是说：'是的，我知道，我知道。'以后，每当他安静下来，我都会说一些肯定的话。"

"他哭泣的时间缩短了吗？"另一位家长问（这位家长也在寻找使孩子停止哭泣的方法）。

"没有，"特里萨说，"而是相反，在我放弃希望他高兴的想法之后，他哭得比平常更厉害了，充分利用了我的默许。可是，当他哭完后，并没有筋疲力尽地睡去，而是机灵而快乐地醒着。后来，当他睡觉时，他没有哭，而且晚上只醒来一次，不像以前，通常每晚都会醒来五到七次。"

内特每晚继续在妈妈充满关爱的怀抱里哭泣，这种情形一直持续了数周，然后，哭泣的时间逐渐缩短，直至完全消失。

回应孩子给出的提示非常重要，因为他的哭泣就是他的交流方式。当他的所有要求都得到满足之后，当一切生理不适和疾病都消失，婴儿显然不再需要什么的时候，我们必须回应他想要哭泣的需求。他会哭泣可能是因为我们没有让他得到他想要的，如果我们不了解他的意愿，他会因为沮丧而哭。我们可以猜测他的感受，但必须意识到，这种猜测完全基于我们自己的理解。他会哭是因为对自己身为婴儿感到无助吗？是因为怀念子宫的温暖舒适吗？是因为想和我们说话却发现舌头不听使唤吗？或者，是刚才悬在他上方的一张大脸吓坏了他？等等。

当我们不知道婴儿究竟需要什么时，我们必须肯定他的感受，让他知道，他选择哭泣并没有错，当他哭泣时，我们会陪在他的身边，怀着爱心、温情、理解与他交流。一定要抱着哭泣的婴儿，虽然你不知道孩子究竟为什么哭，但婴儿总是渴望被抱在怀里，特别是在不开心的时候。孩子需要成功地与你交流，需要得到你的照料和关注，他越能有效地引起你的关心，就越能找到平和的方法与你沟通。如果只需要一个小小的暗示或者简单的词语就能引起你的关注，他又何必大费周折呢？

如果你一直抱着婴儿，他不大可能因为基本的生理需求而哭闹——稍加暗示你就会敏锐地作出反应，他没有必要把哭声作为交流手段。所以，经常被父母抱在怀里、与父母同睡的婴儿很少因为一个简单的理由而用哭声作为警告，如果他哭，但没有受伤或生病，那多半是因为他需要哭。

当婴儿渐渐长大时，他们开始用语言代替暗示和哭闹，然而，终其一生，他们仍然会用泪水表达生理和情感上的痛苦。尽管成年人可以只通过语言来表达不太剧烈的痛苦，但是孩子通过泪水来表

自我表达

达往往更容易，也更有效。

在孩子长大一些之后，你有能力确切地了解使他受伤的原因，因此，可以更加准确地肯定他的感受。比如，你可以对一个因为计划取消而哭泣的孩子说："为了去公园，你等了很久，结果却下雨了。"在他哭的时候抱着他，直到他停止哭泣——表明他已经作好继续前进的准备。如果他推开你，你可以陪在他身边，关注他，随时提供你的爱。有些父母告诉我，他们希望孩子事事顺心，不需要哭泣。然而，在我们努力培养不哭的孩子时，可能会否定一项和爱、食物、空气同样重要的需求。就像被大坝拦截的洪水会更改方向一样，孩子的眼泪也会寻找其他的发泄途径，通过好斗、痉挛、睡眠与饮食不规律等其他障碍表现出来。眼泪有其存在的理由，因此不应该压抑它，而应该正视它并从中受益。坚强的人并非生命中没有痛苦，而是他们有力量跨过痛苦的桥梁，抵达更加富饶的彼岸。

下面是发生在我的咨询工作中的一个例子。它表明，即使面对严重的"症状"，泪水也能发挥强大的治疗作用。

七岁的汤尼常常打他的姐姐，几乎每天都要动手。据他的父母说，汤尼除了变得好斗以外，原先快乐的性格也不见了，代之以烦躁和易怒。他们试着用加倍的关注来满足汤尼的需求，并用约束和责备的方法来控制他的好斗行为，结果，汤尼减少了打人的次数，却开始不受控制地咬衬衫、眨眼睛。

当我问起汤尼的父母，他是否表现出悲伤或恐惧的感受、是否哭泣时，他们意识到，汤尼已经很久没有流泪了。下一次咨询时，汤尼的姐姐贝基说："当汤尼哭的时候，他最好的朋友会取笑他。"

"当他难过时会怎么做？"我问她。

贝基想了一会儿，然后说："哦，在他难过的时候，他就会眨眼睛，阻止自己流眼泪。"

随后，我和汤尼一起玩"真心话或大冒险（Truth or Dare）"的游戏。当他选择"真心话"的时候，我问："当你得不到自己想要的东西时，你是不是偶尔会感到难过？"

按照游戏规则的要求，他如实作出了肯定的回答。

"那么，你会不会忍住泪水，不让别人知道？"我又问。

"会。"他点点头。

"我理解，"我说，"你知道吗？强忍泪水就像尿急的时候不去上厕所。"

汤尼琢磨着这句令他吃惊的话。"真的吗？"他用那双大大的褐色眼睛望着我，"如果你不去上厕所，会怎么样？"他问了一句，然后紧接着回答了自己的问题，"不，你会忍不住。"

"是的，"我说，"你会忍不住，这样你的身体才能保持健康。"

"如果我忍住眼泪，会生病吗？"

"不，"我说（实际上有这种可能），"但是你会忍不住，你只能寻找别的方式来发泄。"

"什么方式？"

"用什么方式发泄？当你控制不住的时候，你会怎么做？"

"哦，你是说我发脾气、眨眼睛？"

"是的，这就是你的方式。"

"哎呀，从现在开始我不会再忍了，这样对我更好，我讨厌眨眼睛。"

第二天，汤尼的父母告诉我，汤尼对收到的一件礼物很失望，在妈妈的肯定下，他靠在妈妈怀里哭了十五分钟，此后，眨眼睛的症状消失了。汤尼的父母设法鼓励他表达自己的生理需求，他们让他在空手道学习班报了名，这是他喜欢的运动。咬衬衫的行为在持续了一段时间之后，也消失了。尽管汤尼仍然会用身体语言来表达愤怒，但出现的次数很少，父母的肯定和信任让他能够放心地体会自己的感受、表现自己的软弱。现在，与汤尼沟通变得容易了，他可以充分表达自己，不再压抑哭泣的需要。

当孩子压抑泪水和情感时，会出现前所未有的症状，或者旧有症状出现新的变化。如果我们非常了解孩子，就可以识别他发出的信号，让他放心地释放出积压的焦虑。

我们都想防止压抑的情绪在心头积累，可是，往往只有当事情过去后，我们才能对其有一个清楚的认识，这是人性的一部分。孩子注定需要忍受，无法逃避。因此，当你发现自己一直都忽视了孩子的某种需求时，你应该意识到这可能就是事件的诱因，然后平静地调整自己的方向，满足孩子的需求，释放孩子和自己心头的不悦。

区分焦虑情绪与哭泣需要

有时候，通过泪水缓解痛苦的观念会被过度夸大。有一次，一个朋友问我为什么在参加演讲时还带着年幼的孩子，我回答说，如果我离开孩子，他会感到惊恐和绝望（除了需要照顾这个原因之外）。朋友反驳说，我应该离开孩子，因为孩子的父亲会陪着他、肯定他的情感，而且哭一哭对孩子也有好处，可以借机释放过去被父母抛下时造成的伤痛。

我的孩子过去从未被独自抛下过，我也不会让他拥有这样的经历，所以，我带着孩子去参加演讲，而且在后来的旅行中，只要他需要，我都带着他。在他作好准备要离开我的怀抱时，他没有流泪，而是主动提出了不再跟随的要求，并且平静地接受了与我的分离。我相信，孩子的所有情感表达都体现了对亲密感和安全感的真实而迫切的需求，因此，我会毫不迟疑地使他得到满足。尽管我们知道过去的痛苦经历需要加以治疗，正如我的朋友建议的那样，但是，我们不能因此而刻意地为孩子创造哭泣的机会。如果他不惧怕表达自己的感受，那么他会自己创造机会释放旧日的伤痛。在这一章稍后的内容里，你会看到一个孩子"处理旧日创伤"的实例。

当环境造成你与孩子不可避免地分离时（如住院或其他灾难），我们无法陪在孩子身边，这时，也只有这时，我们应该对孩子的恐惧和泪水给予支援和关爱，肯定并鼓励孩子面对现实的困境，但是我们不能有意制造这样的情况。换句话说，要肯定孩子的情感，但又不能故意引起他流泪。

当分离不可避免时，我们的任务不是转移孩子的注意力，让他忘记自己的感受，而是肯定他的情感，让他尽情哭泣，明白自己的情绪并没有错。同样，面对大发雷霆的孩子，不要采取逃避的态度，不要制止他的表达，或者送一个礼物来安抚他，你只需肯定他的感受、展现你的关心，通过拥抱和倾听来表达你的渴望和爱。在你的肯定和关爱下，孩子可以通过哭泣和自我表达驱散分离的痛苦和沮丧，恢复平静，而你的坚定支持将会传递给孩子一个信息：他完全能够克服眼前的困难。

发脾气：因为需要而哭泣，还是需要哭泣

孩子发脾气是因为他感到无助，想争取自主和自尊，想用自己的方式来创造自己的生活。有时候，孩子发脾气是在要求我们注意某个问题，而另外一些时候，则是在难以改变的现实面前释放强烈的情绪，需要我们给予爱的关注。当他用愤怒治疗自己的创伤时，如果我们安抚他、劝说他不要生气，那么我们就会阻断这个治疗过程，如果我们试图控制孩子，就会令他大发脾气。

当你因控制孩子的情绪而引发了他的怒火时，应该审视自己的想法，问问自己究竟想成为什么样的家长。慈爱和善的家长不会想要控制、激怒自己的孩子，是你的思想驱使你作出了消极的反应。你的想法是什么？"我让他离开游戏场的时候，他应该听话……"真的是这样吗？在你玩得正开心的时候，是不是也听不进别人的话，只希望能够尽兴？当你身处精彩的聚会时，是不是听到孩子的抱怨和伴侣的要求就会马上离开？这些想法是否合乎情理，是否实事求是？事实上，是你内心的愤怒被孩子表达了出来。你的控制欲变得不受掌控，你在维护自己的良好形象和回应孩子的需求之间痛苦地挣扎。扪心自问，如果没有这些想法，面对同样的情形时，你会如何对待孩子？想象一下，当内心的声音不再絮絮叨叨时，你会对孩子作出怎样的回应？

发脾气不是不可避免的，预防措施要从源头做起。照料孩子，用肯定的态度对待孩子以及孩子的选择；时常抱着孩子，以利于他

培养温和的沟通技巧；把孩子背在身上或者与孩子同睡，能够使婴儿或幼儿发出的信号易于察觉，从而使孩子不必诉诸哭闹，也不会因得不到回应而受挫。如果你这么做，孩子就能有效地在平和地提出要求和用哭泣表达感受之间作出区分。等他学会说话之后，他会通过语言而不是怒火表达自己的需求。当孩子知道他的语言——或者对于婴儿来说，他的温和的暗示——能够引起家长的回应时，自然没有理由通过尖叫来引起关注，因此，如果这样的孩子发脾气，很可能是什么地方出了问题，他希望得到你的倾听和照料。

当孩子因为温和的表达没有达到预期的效果而发脾气时，你也许会感到慌张。事实上，没有必要因此而愧疚，或者质疑自己的能力，几乎每一个孩子都会出现这样的情况，无论家长的本意如何积极、如何良好。

当孩子因为无法改变的现实而发怒时，如果你感到焦虑，也许会急于安抚尖叫的孩子，只要能够让他安静，不惜改变现实，给予弥补，甚至做出一些不合情理的事。实际上，你的这种做法无助于理解他所传达的信息，并且会阻碍他的自我治疗过程。如果你经常用这种方式作出回应，孩子将逐渐学会利用发怒和眼泪来索要东西，而不是把它们作为自我治疗的手段。对于这种误解，无法指责任何人，它是人性的一部分，父母和孩子都受各自思维方式的限制，也都尽了力。父母也许认为孩子在"操纵"自己，然而，孩子完全没有不良意图，只是遵循他在实践中得到的提示而已。

当孩子因为无法改变的现实而发怒时，为了不至于手足无措，应该运用 S. A. L. V. E. 原则，审视你的思想，而不是让思想左右你的行动。你也许会想："我一定要让他开心。""他怎么能这样?"

"我不是个好家长。""我做错了什么?""哦,不,可怜的孩子,这太糟糕了!""如果被别人看到,一定会认为我不知道如何当家长。"……把这些想法写在纸上,认真地观察分析。

如果你对这些想法信以为真,它们就会挑起一场战争,让你与孩子愤怒对抗。这个时候,你会同孩子产生隔阂,也会同自己产生隔阂。当你审视这些思想时,你会发现它们与现实无关,与真相无关,与孩子无关,仅仅来自你天性中固有的焦虑,没有了它们,你能够无条件地爱自己的孩子,给予他充分的关注。

当你审视自己的思想时,要注意,它们只与你有关,因为它们是你的思想——是你认为发生了不好的、可怕的事,是你想象自己的形象受到了损害,是你基于这些想法、出于自己的考虑,渴望制止孩子的愤怒。探究自己的内心深处,你甚至无法确定这些想法是否真实,事实上,它们是自发产生的。如果你能够试着抛开这些思想,那么孩子的愤怒在你眼里可能完全无害,你将带着加倍的爱回应他的需求,与他进行沟通。

发脾气是表达被压抑的强烈情感的一种有效途径,因此,它是一种疗伤过程。只要我们对孩子的温和暗示及时作出回应,避免采取高压政策,就能防止孩子利用哭泣或愤怒来使自己的需求得到满足。当你用补偿的手段中断孩子这种具有疗伤功效的发作时,根本无法解决本质问题,因为孩子的真实需求并没有得到满足。

控制的代价

当孩子受到限制时,他可能会产生怨恨和逆反心理,从而导致暴躁、好斗的脾气，也有可能变得"听话"，成为很多家长眼里的"好孩子"。事实上，顺从的孩子很可能在达到极限时集中释放积聚在心中的压抑，或者在进入青春期及成年后出现吸毒、好斗、饮食紊乱、抑郁及其他行为和心理障碍。

无助感是潜藏在愤怒之后的关键性情感，我们可以通过维护孩子的力量、保护他的自主和自治权利来防止他产生无助感。同时，我们必须避免赋予孩子过度的力量，使幼小的他难以承受，这里所说的"力量"是指控制他人的力量。当无助感与过度的力量相结合时，很容易将孩子压垮。

在某些情况下，我们的经验可以对孩子的安全和健康产生积极影响。尽管我们偶尔需要先采取行动，然后作出解释，但在现实生活中，大多数情况下都没有必要这么做。当孩子打算做一件不安全或欠考虑的事时，你可以向他提供一些信息，以便他作出安全周到的选择。这样一来，你避免了干涉、限制、操控孩子的举动，孩子也不会感到受侵犯、受压迫。

当孩子自主作出选择和决定时，他会感受到自己的力量。然而，自主与控制他人有很大的不同，控制他人会让孩子感到害怕。如果你在面对孩子的情绪时惊慌失措，孩子会利用自己的力量对你施加影响，可是，这样的力量让孩子难于处理，从而进一步引发他的愤怒。

如果家长在大多数情况下都能给出建议，让孩子自主选择，那么，当孩子无法得偿所愿时，比如，当他不能在马路中间骑脚踏车、不能打碎盘子、不能玩火、不能伤害别人、不能在房间里抛掷东西、乘车时不能不系安全带，他都可以平静地接受现实。如果这些认识建立在有效沟通的基础上，而不是来自家长的控制，那么孩子渴望作出正确选择的天性会引领他走上安全周到的成长道路，因为这符合他的愿望。

孩子天生向往正确、和谐、安全以及家长的肯定。如果孩子抗拒你，那么这是一个信号，表明你可能在他身上施加了控制或者你一直在抗拒他。无论你如何看待自己的孩子，这些看法反过来都会对你自身产生影响。因此，身为家长，你应该从中得到收获，努力促进自己的成长，而且，由于你的进步，孩子同样也会取得进步。孩子就像一面镜子，直接反射着你的态度：如果你看到他在抗拒，那么你一定也在抗拒，如果他不配合你，那么问问自己，你是否配合他。写下煽动你的控制欲的想法，并认真加以审视，当你用理智的光芒照亮这些不由自主的条件反射时，你会逐渐成长为众人心目中理想的家长。

以下是两个来自我组织的讨论会上的例子，分别展示了对于同一个安全问题的两种不同解决方法，一种方法是控制，另一种方法是信任和沟通。

安珀的父亲告诉她，当没有父母陪伴时，绝不能在院子旁的小河边玩耍。两周之后，三岁的安珀想稍微靠近河水一点，往里面扔一块石头。正当她这么做时，被母亲突如其来的喊声吓了一跳："不，安珀！马上离开那儿！"

受到惊吓的安珀连忙后退，感到十分羞愧。母亲继续责备她，还威胁说，下一次她再这么做就会受到惩罚。

也许安珀以后不会再独自去小河边玩耍了，但这并不是因为她理解了其中的危险，不是因为她信任父母，也不是因为她信任自己、希望维护自己的安全，而是因为害怕父母的批评和惩罚。如果有一天，她因为某件事发怒而想要报复，可能会故意踩进河里或打破其他"禁令"，以此来"惩罚"父母。或者，当她不再渴望得到父母的赞赏，转而渴望得到自主的权利时，她可能会通过打破"禁令"来使自己得到满足。无论是哪一种情况，她都会与父母产生摩擦和不快，并通过发脾气、挑衅或者自毁来发泄心头的愤怒。

如果家长能够让孩子拥有安全感，并且提供给孩子有用的信息，那么，孩子自然乐于照顾好自己、远离危险。当父母不推行强制性规则，而是与孩子结成友好联盟时，孩子便会获得安全感。

朱利安的父亲问他是否愿意去他们新房子附近的小河边玩耍，他答应了。两人一起来到河边，父亲向三岁的朱利安解释了河水的危险性，并把树叶和石头扔进流水中进行演示，同时告诉他，一旦落入水中，就会无法呼吸。然后，他们把脚伸进河里，感受水流的速度，开心地玩了许久。尽兴之后，父亲要朱利安答应他，以后每次想来河边玩时，一定要有父亲或母亲的陪伴。

第二天，朱利安要母亲陪他去河边玩。"我现在走不开，"妈妈说，"等我打完这通电话，就和你一起去。"二十分钟后，母子两人来到河边。经过了这次几乎一整天的河边探险，朱利安失去了最初的兴趣，只是偶尔才要爸爸妈妈带他去河边。他从不独自前往，因为他相信父母，相信自己的感觉，这种信任是通过与父母的沟通产生的。

在第二个例子中，我们看到了家长与孩子之间的信任。因为没有受到家长的控制，朱利安不会感到无助，也不会产生与父母对抗的愿望。在今后的岁月里，他会谨记父母提供的信息，并把它运用于生活的各个方面，而不会想要打破与家长达成的协议，去做任何不安全或欠考虑的事。

只要有可能，务必温和地提供信息，避免令孩子感到惶恐、迷惑，从而使他难于理解面临的状况，难于作出安全的选择，并且提供安全的空间环境和社会环境给孩子，以利于他采取安全周到的行为方式。

当孩子利用发脾气来达到目的时

把情感表达当做一种获取手段的孩子，往往根据自己的经验得出两个推论：用其他方法不能达到目的，如果尖叫的声音足够响，哭闹的时间足够长，他就可以得到想要的东西，外加一些补偿。这给他造成了思维上的混乱：一方面，他对父母的控制感到无助，另一方面，当看到父母慌乱时，他又对眼泪的强大力量感到无所适从。

如果孩子的感受一向能够得到肯定，那么他就不会在情绪的驱使下采取行动。比如，向其他孩子扔沙子而被制止的孩子感到闷闷不乐，不能站在队伍前排的孩子感到失望，他们的感受都是真实的，需要表达出来，需要得到倾听和肯定。这并不是说我们应该鼓励孩子向人扔沙子，或者为他争抢排在第一的权利。（然而，我们确实需要了解是否因为孩子的其他需要未能得到满足，从而驱使他做出了这样的举动）

你的孩子可能会因为无法推开别的孩子站到前排而感到愤怒，或者因为不能向公园里更小的孩子扔沙子而生气，如果他经常感到无助，缺乏掌控自己生活的自由，那么这种不愉快的情绪会逐渐积累，直至发作。同样，如果他经常对自己影响家长、得偿所愿的力量感到无所适从，也可能通过激烈的情绪表达来促使你重新掌握领导权。

尽管我们希望尽量不去控制孩子，但是在某些情况下，又必须干预孩子的行动，而且没有时间与他交流。这个时候，孩子可能会感到受伤、沮丧或愤怒。在下面的例子中，孩子的号啕大哭没能改变现实，但倾听和肯定让他恢复了平静。

五岁的戴夫想去九岁的姐姐莱拉的房间，和她一起玩耍，可是莱拉却想要独处。在戴夫的恳求下，莱拉同意了，条件是戴夫不能像以前那样推她，戴夫满口答应。

没过多久，戴夫哭着跑出来："莱拉赶我走，因为我推了她。"

原来，莱拉几次劝说弟弟不要推她，都没有收到效果，终于忍无可忍地把他赶了出来。

戴夫一屁股坐在妈妈脚边，大声哭喊着，说他不会再推姐姐了，希望回去和她玩。

妈妈肯定了他的情感："你想和姐姐一起玩，又忍不住要推她，你是不是想让她和你摔跤？"

"我想回去。"戴夫不停地踢着双腿。

妈妈说："我明白，我会在这儿陪着你，你想哭多久都可以。"

听到这句话，戴夫立刻停止哭闹，跑去玩自己的三轮车了。

第二章
自我表达

戴夫并不是需要哭泣，而是希望改变现实，当他发现无法得逞时，只好就此放弃，转而去做另一件事。当孩子发脾气的目的是想得到某种东西时，告诉他你会陪着他、关注他，这样一来，他的发作自然会停止，因为他的工具失去了作用。

当孩子希望通过发怒达到的目的不可能实现时，他仍然需要表达自己的情感，在这种情况下，我们要做的是倾听和肯定，直到他的发作自然结束。一般说来，这时的孩子得到了满足，不再需要什么，可是，如果他仍然有所需求，那么可以等孩子情绪平静后，再与他进行讨论。

在这种时候，孩子想要的往往并不是他真正需要的，身为父母，我们必须寻找促使孩子情绪发作的动机，而这通常不会像想要一块糖果或者想排在队伍前列那么简单。比如，孩子因为不能排在队伍的第一位而生气，可能说明他缺乏安全感，希望感受到自己的价值和重要性，采用强制手段使他排在第一位并不能解决深层次的问题，事实上只能使问题进一步膨胀。孩子潜在的需求必须得到满足，否则，愈发深刻的不安全感会继续引起情绪发作。

如果孩子需要的只是发泄愤怒，那么在发作完毕后，他将会得到满足，不再需要什么；如果孩子需要的是爱、关注或自主，那么当他充分表达自己的愤怒后，你和他都会清楚地认识到问题所在，并找出切实可行的解决方法。以下就是一个很好的例子：

四岁的希拉和父母一起离开家，去医院探望约翰舅舅，他们行驶了几个小时才到达医院，这时，希拉已经沉沉睡去。考虑到希拉很疲惫，父母没有叫醒她，父亲陪她待在车里，母亲单独前去看望弟弟。当这次短暂的探望结束时,希拉仍在酣睡。

当希拉醒来时,天色已晚,他们就快到家了。希拉望望四周,问:"还要多久才能到约翰舅舅那儿?"

父母告诉她,他们马上就到家了,希拉顿时发起了脾气。父母建议下周再去,但显然不是希拉此刻想要的方案。"不,我现在就想见他!"希拉一边尖叫一边使劲踢腿。在剩余的时间里,她一直在哭闹,而母亲则关注着她,体贴地陪在她身边。妈妈承认了事实,并肯定了希拉的感受:"去看望约翰舅舅让你很激动,可是你错过了这个机会,那么,你希望自己选择是继续睡觉还是被叫醒?"

希拉发泄完毕之后,似乎平静下来。他们回到家里,讨论以后作决定时让希拉参与,并尊重她的自主权。全家人商量好,下个周末再次探望约翰舅舅,已经平静下来的希拉高兴地同意了。大家还达成一致,以后每次出门前,希拉应该事先声明如果她睡着了是否希望被叫醒,如果她忘记宣布,就默认为将她叫醒。

遇到这样的情形时,家长们常常会不知所措,有些家长会想出一些创造性的方法来制止孩子的发作:是不是应该马上赶回去,当晚住在旅馆里,第二天再回家?是不是应该在回家的途中带孩子去吃一顿美餐?是不是应该给孩子买一个新玩具?

隐藏在这些解决方法背后的动机是制止孩子的发作,以便我们可以逃脱内心的谴责。我们可能告诉自己是我们犯了错,孩子受到了伤害,他无法承担失望的情绪。事实上,已经发生的事无法挽回,父母并没有做错,相反已经尽力做到最好,而且,如果我们不把孩子当成受害者,孩子并不会有受伤的感觉。

第二章
自我表达

　　总之，各种制止孩子发作的方法都无法满足希拉的需要，无法缓解她的情绪，让她愤怒的最主要原因并不是错过了与舅舅的会面，而是她的自主权、决定权受到了忽视。无论是再一次探望，还是冰激凌、游乐场，都不能找回她的自尊，相反，倾听、承认现实、肯定她的愤怒和自我表达，却能够使希拉走出强烈的情绪风暴，思考将来的解决方案。希拉只有四岁，她甚至不需要审视自己的思想就能够意识到，产生愤怒的缘由是她希望达到一个无法实现的目标。在得到充分发泄后，她的情绪自然会平静下来，而且，由于不再对错失的机会耿耿于怀，她可以轻松地盼望下个周末的来临。

　　倾听孩子的愤怒，承认发生的事实，但不要试图挽救或分散他的感受。孩子需要知道，在遇到问题时，没有必要慌乱，没有必要立即弥补、终止伤痛，相反，他应该自由地表达强烈的情绪，勇敢地面对失望、挫折或其他伤害。

父母的领导地位

　　当孩子哭闹时，有些家长可能会过度夸大发脾气的自我疗伤作用，否定孩子的需求和自主性。他们不是尊重孩子的选择，而是说："让他发脾气吧，这对他有好处。"我们应该尊重孩子发脾气的权利，但不要故意引发他的愤怒。只要条件允许，你完全可以用一根完整的香蕉代替孩子手里破损的香蕉，心平气和地给孩子一块健康的糖果，表现出自己的和蔼、慷慨和对孩子的尊重。

　　一位父亲对我说："可是，如果我屈服了，她就会不再尊重我。"和蔼并不等于"屈服"，父母希望"受到尊重"的想法同样应该重新予以深刻地审视。完善自己就意味着摆脱对他人的要求，不要认为别人应该对我们付出什么，尊重自己、尊重他人，别人也将从你身上学会尊重之道。

孩子对尊重的真切感觉来自爱与和蔼，而不是来自控制。我们常常把顺从误认为尊重，然而顺从并不是尊重，而是另一种混合着恐惧和怨恨的表现形式，因此同样会阻碍孩子的自我表达。家长害怕被孩子利用，这种担忧多半来自过去经历的痛苦，与孩子并没有关系，而且它还阻碍了我们对孩子的爱和信任。如果孩子的感受能够得到充分的倾听，他的生活并不受制于家长的掌控，那么他没有必要利用自己的父母，只会爱他们、崇敬他们、信任他们。

当孩子感到无助，把发脾气当做一种手段来获取某种东西时，他们实际上是在渴望你的引导。他们需要自由和自主，但并不想看到自己的情感表达将父母吓得手足无措，因为他们还没有能力处理这样强大的控制力。因此，当孩子发现自己的哭泣和尖叫让父母惊慌时，他会感到无所适从，希望得到明确的指示。孩子需要父母提供指引和方向，需要父母倾听他吐露心声，换句话说，孩子希望依靠你的力量帮他吸收强烈的情感，以免负担过于沉重。

为了防止孩子把发脾气当做获取东西的手段，你必须消除引发孩子愤怒的两个条件：

（1）放弃对孩子的控制，让孩子平和、自主地导演自己的生活。

（2）当孩子感到不悦时，肯定他的情感，但不要为了制止他的发作而改变不应改变的现实。

在面对失望和挫折的时候，孩子渴望得到父母的引领。在他们心里，往往存在一些没有说出口的问题："爸爸爱我有多深？他愿意

第三章
自我表达

倾听我的愤怒吗？当我表达激烈的情绪时，他会不会不再爱我，想要阻止我？"你需要提供一个宽松的环境，让孩子放心地"发疯"，让他知道，你会一直为他撑起爱的天空。

如果在孩子发脾气时，你感到惊慌失措，那么他不但会将其视为一种工具加以利用，而且会对这种情绪产生恐惧心理，将它们看得过于严重。也许，他会害怕体验自己的感受，因为他看到，在它们面前就连你也束手无策，"情绪一定是很可怕的事，我必须尽力避免"，这种反应会夸大情绪的重要性，使它们变得强大而可畏。但如果我们平静地肯定孩子的感受，不加以渲染，那么孩子也能够自信地面对。情绪自有发生、发展、消亡的过程，所以，我们可以自由地经历这个过程，而不必纠缠于其中。抗拒和否定才是引起怒火的真正原因。

给予弥补或者转移注意力并不能帮助孩子安然度过情绪风暴。如果孩子是想利用发脾气来自我疗伤，那么，他并不会因为得到自己索要的东西而满足，而是会寻找其他的理由继续生气，或者进一步提出不可能实现的要求。即使孩子的发作被成功制止，他也会变换其他方式继续发泄，而且往往就在同一天内。当我们说"无论我给他什么，他都会找到生气的理由"时，孩子可能是需要表达内心的强烈情绪。变换花样逗他开心实际上阻碍了他的真实意图，也妨碍了你了解引起他不悦的真正原因。

只要运用S. A. L. V. E. 原则，未能得到满足的需求自然会清晰显现。

S——区分真实的自己，审视驱使你制止孩子发作的思想，静静地倾听内心的声音。如果你能够不受影响，自然很好，如果你做不到，那么请分析这些想法是否具有实际意义。假如你的想法是"孩子应该停止生气"，或者"他不能承受这样的挫折"，那么，你应该问问自己，这些论断是否真实可信，然后想象一下，如果没有这些想法，你会怎样对待愤怒的孩子。这时，你或许能够平静地发现一些令你惊讶的事实。要注意，你对孩子的看法恰恰代表了你的内心，事实上，你是在因孩子的愤怒而愤怒，同时，孩子需要你的倾听和平静的指引。

A——一旦你的思维变得清晰，请把注意力放在孩子身上。

L——倾听他的愤怒。

V——肯定他的情感。

E——鼓励他释放情绪，解决问题。

在充分倾听孩子的感受后，你会与他产生情感的沟通，赢得内心的轻松，从而探知他的真实需求，就像在前一个例子中，希拉的父母所做的一样。如果希拉的母亲没有聆听她的感受，也许会在内疚的驱使下返回医院，或者用其他方式来给予补偿。然而，她没有犯这样的错误，她倾听了希拉的感受，从而发现孩子的真实需求是自主地作出选择、参与事情的决定过程和发表自己的意见。

为了关注孩子而不被自己的情感所蒙蔽，我们必须学着了解语言之外的含义。在父母看来，"我想探望舅舅"也许是孩子最紧要的需求，然而，更深层次的伤害来自孩子被剥夺了发言权和参与权。孩子的愤怒多半反映了他们对自由和自主的追求。当希拉要求自主权和参与权的心声得到倾听之后，她可以轻松地接受现实，不再为错失机会而懊恼。信任孩子，尊重他的哭泣需要，不要误解他原本单纯的意图。

防止"受难"心理

如果在孩子哭泣和悲伤时,家长总是给予补偿,那么孩子将学到另一种经验:"只要我使劲儿哭闹,就能得到想要的东西",或者"表现出伤心的模样能够赢得别人的关注"。我们中的很多人都在童年时学会了这种策略,并把它运用到成年后的人际关系之中。我们总是告诉自己:"如果我证明自己很悲惨,他/她就会对我好,满足我的愿望。"

把自己看做受难者的儿童和成年人会产生一种不健康的心理,他们在潜意识里相信,受难者的身份可以帮助自己达到目的。悲惨心理的产生来自过去的经历,是屈服于外力的结果,它阻碍了我们面对现实的勇气和力量。你是孩子的老师,孩子会学着你的样子,把自己当做受难者,不敢勇敢地表现真实的自己。如果你总是让他依赖他人或环境,那么,他会变得无助,觉得自己无能为力,而化身受难者的情形只会每况愈下,因为他们的内心趋向于证实这种悲惨理论。

当你面对自认为悲惨的孩子,并因为他的愤怒而感到不安时,记着提醒自己,孩子需要你的引导。他不想让你因为他的情绪而手足无措,因为这就像是和他一起溺水,而不是把他拉上岸,他的内心渴望你帮助他认清强大的(而不是悲惨的)自己。下面是一个参加讨论会的家长讲述的例子,它让人们明白了在孩子发怒时,家长放弃领导地位是一件多么危险的事情。

在尼娜六岁生日的前几天,她发现十一岁的哥哥朗恩为她准备了一份礼物。朗恩想在生日宴会上给她惊喜,可是尼娜不愿意等待,她又哭又闹,要求立刻得到礼物。尼娜的尖叫声响彻整间房子,她的父亲杰克被激怒了,杰克冲进朗恩的房间,让朗恩立刻把生日礼物拿给妹妹。

朗恩一怒之下,取来礼物扔给妹妹。尼娜停止了哭闹,朗恩走进自己的房间,重重地摔上房门。

尼娜爆发的情绪让杰克失去了自控,他急于阻止她的哭闹,却没能提供引领和情感支持,而这两样恰恰都是孩子们所需要的。他没有尊重儿子在生日宴会上送出礼物的选择,因此剥夺了儿子送出礼物时的快乐,同时,杰克赋予了女儿一种她无法操控的力量,暗示在她情绪爆发时,所有人都拿她没有办法。事实上,尼娜只是希望父亲理解她的急切心理,以便她可以在释放情绪后,平静地面对现实。此外,因为这件事,两个孩子都获得了一种信息:悲伤和尖叫是通往目的地的门票。

杰克的本意是想解决问题,然而他的干预没能让自己以外的任何人满意。杰克需要安静,他和女儿一样急躁,他也想立刻得到"礼物",这个"礼物"就是女儿停止尖叫,因为他认为自己是尖叫声的受害者,而他的平静依赖于儿子的妥协。在这件事中,所有的参与者都无辜地成为受害者,因此,没有人获得真正的安宁。

那么,为了收到良好的效果,父母应该怎么做呢?首先,杰克应该避免卷入孩子们的争论之中,他应该留意自己的想法,意识到其根源是自己的焦虑和混乱。朗恩没有必要在生日宴会前把礼物送

第二章
自我表达

给尼娜，尼娜发泄完毕后自然会停止尖叫，或者跑到他身边讲述自己的遭遇。其次，杰克应该倾听尼娜的愤怒和焦虑，肯定她的感受："我理解，你迫不及待地想看哥哥给你的礼物，充满了期待，两天的时间对你来说太长了。"

除了肯定尼娜渴望打开礼物的心情，杰克也应该表现出对朗恩的关心，肯定他的感受和选择。这样，尼娜在父亲的理解和鼓励下，能够处理自己的强烈情绪，而朗恩也能感受到父亲的信任和支持。经过分析，尼娜会明白，引发愤怒的原因是自己想要立刻看到礼物的愿望，没有了这样的要求，她会激动地等待惊喜的降临。

如果尼娜持续尖叫几个小时怎么办？对此，提供一个非常有帮助的答案：她就可以在父亲的关爱中哭喊、发泄很长时间。有时候，孩子沉溺于不悦的情绪之中，仅仅是因为他们需要哭泣；有时候，他们可能是在下意识地把父母推上强有力的领导地位；还有一种情况，即孩子只是父母或者父母之间相互关系的一面镜子。无论是什么样的潜意识促使孩子发脾气，肯定孩子的情感都可以带给他信心，让他对自己有一个清晰的认识。

这里提供一个有用的指导原则：除非引起事件的原因有潜在的伤害性，或者需要作一些善意的调整，否则不要轻易改变现实。杰克家庭的现实是：朗恩想在生日宴会上送给尼娜礼物。鼓励孩子与现实达成妥协是一件更为重要的礼物，远胜于教给孩子只要悲伤哭闹，现实就会为她而改变。生活不会因为人们的意愿而改变，如果无限制地为孩子改变环境，我们最终会移除孩子成长中应该经历的失望和挑战，从而使他失去从中获得力量和勇气的机会。换句话说，为孩子改变现实就等于告诉他："你太脆弱，无法处理这件事。"或者"是环境出了错,必须作一些改变。"而这正是受难者的观点。但如果认真倾听孩子的感受就等于告诉他"我相信你,你有能力走出困境,有能力接受现实或者解决问题"。这样,孩子将学会热爱生活,而不会恐惧命运之旅中为数众多、难以预料的难关。

只要孩子的自主性得到尊重,他自然会发展出强大的感情承受能力,坚强地面对失望,用自己的意志力克服不时出现的障碍。对于一直把情感表达当做获取手段的孩子来说,当他们的愤怒终于得到父母的倾听时,他们长期郁积的压力也会得到充分的释放。

倾听孩子的愤怒

愤怒是一种表达责备的情感,它使人关注外在的环境,忽视自己的思想和情感,导致人产生受难者心理。让孩子生气的原因很多,比如玩具丢失、玩得正开心时突然下雨,或者在比赛中失利,如果因此而责怪某个人或某件事,会使孩子觉得自己软弱无力。因为他既不能改变过去,也无法控制他人,这就等于宣布他的快乐依赖于自身以外的力量,而且他对此无能为力。过于关注外力会妨碍孩子发掘内心,妨碍他聚集克服困难的力量。

生气的孩子会强调你的过错,责怪你因没有及时送他而使他错过了观看一部分排球比赛,以此来逃避难过心理,然而,错过部分比赛所带来的痛苦,远远比不上他因为无法回到过去、无法控制爸爸的行为而产生的无助感。事实上,一旦消除心里所渲染的埋怨情绪,孩子更容易接受眼前的事实。正如你在第一章中看到的例子,当莉齐改变愤怒的态度(责怪妈妈,抱怨什么地方出了差错),面对自己的损失——"我错过了电视节目",她很快就能安心地待在商店里,接受错过节目的现实,而且事实并不像她想象的那样糟糕,她有能力轻易地妥协。

向生气的孩子提问,可以帮助他认识引起愤怒的想法,抛弃责怪他人的心理。这些引起痛苦的想法通常是对现实的否定,如"不应该这样"、"他不应该折断我的木棍",或者是希望达到不可能实现的目标:"我想回家"(当你们无法自主行动,只能搭别人的车时)、"我想排在第一位",等等。

向生气的孩子提问能够帮助他与自己沟通,把注意力集中在自己的想法和感受上,而不是盲目地责怪他人。举个例子,如果你的孩子生气地抱怨:"你们太早来接我了。"你可以对他没有说出口的感受予以肯定:"你是不是感到很失望,因为你想在公园里多玩一会儿?"如果你的孩子抱怨哥哥去参加足球训练,你可以说:"你是不是不高兴,因为你想去图书馆,不想去看哥哥的足球训练?"如果谈到感受时,孩子因为觉得你高高在上而不肯吐露心声,那么尽量避免使用感情化的言语,只需描述发生的事实和孩子的愿望:"你想在公园里多玩一会儿,是不是?""哦,我明白,你想去图书馆,不想去看足球训练,我理解。"然后,倾听孩子自己的叙述,不要否定他的感受。

一旦孩子把注意力转移到自己的想法和感受上,他们就能够轻易地接受现实,或者富有创造性地想出很多有效的解决方案。

我们之所以想要安抚生气的孩子,停止他的情感表达,其中一个重要原因是,我们认为聆听他的倾诉要花费太长的时间。实际上,只有当孩子的情感无法释放时,我们才会花费很长的时间。无论孩子多么正确，埋怨他人都无法令孩子释怀，肯定孩子的埋怨也只会火上浇油。过分关注外力会使孩子感到无助，这样一来，他越是生气，就越是觉得自己是一个痛苦的受难者。

时刻牢记，我们要处理的情况已经成为过去（擦伤了膝盖、奶奶没有来），或者超出了我们的控制能力（无法让雨停下），即使我们可以，这对孩子也没有好处；我们无法改变他人。因此，帮助孩子体会自己的感受，能够使他更好地面对未来，不总是试图改变他人来满足自己的愿望，而是学会友好地与他人相处，理智地作出选择，摒弃控制他人的想法。

向孩子提问能够使孩子产生自我认知，帮助孩子发现引起愤怒的想法、思维和恐惧心理。有益的问题应该能够帮助孩子将自己看做引发各种情绪的源头（注意，不是引起事件的源头）。一旦他认识到自己的思想的发展过程，感受到由之产生的情绪，他就可以赢得清醒的认识（也会给你带来清醒的认识），并最终选择有效的解决方法。

你可以运用以下四个基本问题，探究引起孩子愤怒和其他痛苦感受的思想：

★ "你认为这意味着什么？"
★ "如果按照你的方法，结果会是怎样？"
★ "可能发生的最糟糕情况是什么？"
★ "应该怎么做？"

即便很小的孩子，也能够通过分析自己的想法，认清产生痛苦的缘由。对于幼小的孩子，你的问题也许应该更加具体：

★ "你觉得他骂你'笨蛋'，你就真的是笨蛋吗？"
★ "如果他没有骂你'笨蛋'，你现在会怎么样？"
★ "现在，最糟糕的情况是什么？"
★ "你是不是认为他不应该骂你'笨蛋'？"

当孩子分析引起痛苦的想法时，你可以问问他，如果没有这些想法，在相同的情况下他会怎么样。这样他就会明白，引起愤怒的并不是发生的事实，而是他对此事的看法，即便事实不遂心愿，也远远好于那些令人恐惧而痛苦的想法。在消除了埋怨心理和对情绪的渲染以后，孩子将不再依赖别人带给他的快乐，转而寻求自己的力量。当现实无法改变时，沉溺于痛苦的思想，固执地想要达到不可能实现的目标，只会令自己徒增烦恼。孩子能够很快认识到这一点，除非我们用自己的行为教给他：沉溺于痛苦的情绪能够得到好处，值得他付出这样的代价。

下面这个例子说明，"你认为这意味着什么？"这个问题能够帮助孩子意识到他深层次的想法，以及引起这些想法的原因。当母亲帮助他分析思想时，孩子发现，是自己强加给事件某种含义，从而引起了自己的痛苦和无助：

生长在单亲家庭中的十二岁的马里奥对弟弟的行为非常生气，他告诉母亲贝丝，他们不停地打扰他，而且不必承担自己的行为带来的后果，他对此感到不能接受。贝丝问："你希望我阻止弟弟们打扰你？"

"我想是的。"他停顿了一下，接着用更加愤怒的口吻说，"你得做点儿什么，我不知道，你总是什么都不管，他们太讨厌了。"

贝丝注意到，马里奥心里想的都是埋怨、报复和惩罚，她的问题没有起到帮助作用，因为她暗示，马里奥可以依靠母亲的力量来对付弟弟，而不是依靠自我认知能力来解决与弟弟的关系。

"你是不是认为，这意味着我不关心你？"贝丝问。（这是四个问题中的第一个）

"是的，而且意味着你不爱我。"

"哦，亲爱的，这太让人伤心了。"她说，"你真的认为我不制止他们就表明我不关心你吗？"（分析他的想法是否真实）

"不，我知道你关心我。"

"如果你不认为我不关心你，你的感觉又会如何？"（发现强加的含义是引起痛苦的缘由）

"哦，我不知道，他们还是很讨厌，可是我想我自己可以应付。"

"那么，最让你难过的是你认为我不关心你？"

"嗯，是的，我想是这样。"马里奥说着哭了起来，随即又破涕为笑，"哦，我知道你爱我。"贝丝拥抱了他。

"我也在打扰他们，"马里奥说，"我想，有时候我应该和他们分开，如果他们再打扰我，我会照顾自己。"

当天晚上，他们召开了家庭会议，讨论解决兄弟间的矛盾、尊重马里奥的私人空间的方法。弟弟提出了一些建议，可是马里奥却说："算了吧，我能够处理好与你们的关系，我只是被那个愚蠢的想法困住了，以为妈妈不关心我。"

第三章
自我表达

很多现实生活中的事件其实算不上真正的问题。马里奥告诉自己，妈妈不肯为了他的利益干预弟弟的行为意味着她不关心自己，从而引起了愤怒的情绪，事实上，他的愤怒与弟弟并没有关系。如果马里奥坚持认为妈妈不关心他、不爱他，那么他必定无法找到与弟弟和平相处的方法。一旦马里奥意识到自己要对情绪的产生负责任，他就能够轻易地解决和弟弟之间的矛盾。后来，贝丝告诉我，经过这件事，她对爱的表达也有了进一步的认识，她意识到，自己没有花足够多的时间陪伴马里奥，决定今后有意识地增加两人单独相处的机会。

把埋怨别人转变为认识自己，这并不意味着我们不能采取必要的手段避免伤害，相反，清醒的认识会带来有效的解决方案。举个例子，如果你的孩子因为不喜欢参加舞蹈训练班而生气，那么她应该采取必要的措施，认清引发痛苦的根源。这样一来，她自然会知道，自己究竟应该退出训练班，还是寻找其他解决方案，比如改变在队伍中的位置，或者与老师进行交流。家长不应该清除孩子面临的挑战，而应该让孩子利用这个机会培养自我认知能力和自信果断的作风。同样，对于家长来说，有了清醒的认识，也会有很多收获，知道究竟应该怎么做。

要避免使用否定孩子愤怒情绪的言语，比如"你反应过度了"或者"你干吗这么生气，没什么大不了的"。当情绪遭到否定时，孩子会在心里留下消极的印象，怨恨感和不安全感也会渐渐积聚，在多数情况下，孩子会产生戒备心理，无法找到积极的解决途径。在上面的例子中，如果贝丝否定了马里奥的感受，她将显得冷漠无情，而马里奥则会愈发肯定妈妈不关心自己。

面对愤怒的孩子，为了激励他的自我认知能力，你必须控制自己的反应，避免产生修正、控制孩子的冲动。放弃对孩子的控制充分彰显了你的力量，因为你没有屈从于头脑中简单的条件反射。当你把注意力集中在孩子身上时，你就会告别条件反射，走向智慧创造，告别软弱，走向强大。真正的力量并非来自强迫，而是来自温柔。

安抚旧伤

有时候，孩子和成年人一样，需要通过回溯过去的事件来释放积压已久的痛苦。当眼前的现实重新激发了旧日的痛苦时，孩子会利用这个机会一并释放，而他自己往往并没有意识到——也许他没有注意到当前的情绪与过去的事件有什么联系，也许是有意借此治疗自己的伤痛。面对一个充满关爱的倾听者，孩子能够灵活地创造机会，让自己表达心里的感受。以下就是一个很好的例子。

米歇尔和我在她的客厅里聊天，她的一对儿女，七岁的比利和三岁的西娅在外面玩耍。突然，我们听到了西娅的尖叫声，米歇尔和我连忙走出屋外，查看发生了什么事。西娅的三轮车侧翻在草地上，比利宣布，是他推倒了妹妹的车。

米歇尔生气了，她责备比利："谁允许你乱扔三轮车了？"

"可是你这样做过。"比利大声说。

"那并不意味着你也可以这么做。"米歇尔也提高了嗓门。

我惊奇地发现，比利是在巧妙地重新提起过去的事件，以便得到满意的解决。我向米歇尔提出帮助她应对孩子这一自发的治疗过程的要求，在得到她的允许后，我平静地把一只手放在她的肩膀上，提醒她："无论如何，这关系到比利的感受。"

比利把手中的卡片放在桌子上，然后说："在我们去明尼苏达州的路上，你把我的脚踏车扔在地上摔坏了。"他看着妈妈，哭了起来。

米歇尔肯定了比利的愤怒："我摔了你的脚踏车，我知道你很伤心，很生气，你希望我尊重属于你的物品。"

比利继续说："你当时在和爷爷生气，却摔了我的脚踏车，这不公平。"

米歇尔慈爱地倾听儿子蓄积已久的情感爆发，没有表现出丝毫抗拒。"你说得对，"她说，"这不公平，利用摔你的脚踏车来发泄自己的愤怒。"

比利躺在草地上大哭，片刻之后，他停了下来，这阵情感风暴来得快，去得也快。比利结束了"疗伤"过程，说道："好吧，我们现在可以去公园了。"——这正是我们下午的日程安排。

比利甚至不需要产生愤怒的情绪，因为当他发现妈妈没有抗拒他的表达时，立刻转变了情绪（从埋怨到悲伤、流泪）。如果我们顺应而不抵制孩子的想法，他们常常能够迅速地走出困境，因为孩子的很多表现和行为往往都是为了维持情感的平衡。与这个例子不同的是，在多数情况下，我们无法认识到孩子回想起了什么。无论在玩耍中，在餐桌上，在睡觉前，还是在公园里，富有创造力的孩子总能找到自己的方法赢得情感上的平衡。通常，正是他的自主性和清除伤痛的能力使他得到满足。

父母的自我表达

孩子天生喜欢表达自己，不愿隐藏自己的感受，为了培养这种特点，你必须模仿他，尽量与他分享你自己的情感。丰富的情感有助于我们与孩子之间的互动，严厉冷漠的面具则会使我们与孩子疏远，并使他们感到孤独，失去对他人的信任。

有些家长害怕自己的情绪会伤害孩子，其实，你完全可以在不隐藏情绪的情况下，利用语言避免对孩子造成伤害。只有当我们要求别人为自己的情感负责时，或者当我们因为别人不服从自己的命令而生气时，才会造成伤害。

对自己的感受和喜好负责，这样你就不会伤害任何人。当孩子把餐桌弄得一团糟，准备起身离开时，如果你说"我觉得自己像家里的奴隶"或者"我觉得你完全不懂得感恩"，孩子可能会产生反抗心理和对立情绪。这些话表达的是责备的含义，仿佛你的目的是让孩子感到羞愧，使他迎合你的情感需要。然而，如果你说："我不喜欢一个人收拾餐桌，希望有人能帮忙。"那么，你没有责备任何人，而且表明了自己的愿望。当孩子不觉得自己应该为你的感受负责时，他就不会被你的表达所伤害。注意，不要把你的需要隐藏在说教里，"你应该帮忙"或"你必须学会分担家务"不是诚恳的沟通方法，你应该坦诚地说："我需要你的帮助，你愿意收拾餐桌吗？"

在进行诚恳的交流之后，尊重孩子的自主选择权，由他决定是否采取行动。即使在你为他服务时，他也没有义务迎合你的需要，想要餐桌恢复干净整洁的人是你，而不是他。他应该从真实的愿望出发，自由地作出能为他带来快乐和满足的选择，而不是因为害怕你或试图取悦你而被迫妥协。如果他的选择与你的期望相抵触，用尊重的态度与他讨论你的意见，直到达成一个彼此都满意的解决方案。

一般来讲，内心存有期待会阻碍你拥抱现实生活，阻碍你无条件地爱自己的孩子。当你接受现实时，你与伴侣、孩子以及其他人的关系自然就会变得和谐。更重要的是，如果孩子选择不帮助你，那么他就提供了一个机会给你，让你更加清楚地认识给自己带来痛苦的那些想法。当你希望他帮忙却没能如愿时，从你的内心寻找解脱：如果没有这些期待，你自己又会怎么做呢？

家长们听到这样的建议时，常常会表示反对，"他必须作好准备"、"他必须按时上床"、"我一个人真的无法完成"，或者提出其他一些看似无法避免的理由。如果你表达自我的方式让孩子感到轻松自在，他会成为你的伙伴，而不是你的随从，而你也会发现，很多你认为"必须"的事并非不可更改。你可以自己出门办事，让家人留在家里照看孩子，也可以做一些安排，让孩子乐意与你同去；对于上床时间、吃饭时间、家务事以及其他引起矛盾的事件，你都可以找到有效的解决方案。有的时候，你自己做事效率反而会更高、更有条理。当你坦诚地表达自己时，孩子更容易从你身上学到沉着从容、积极参与的态度。记住，唯一能够让你切实把握的人，是你自己。

做好自己，不要干涉孩子。当你责备、说教或发出命令时，你会与孩子疏远；当你希望孩子服从时，孩子会表现出抗拒。但是，当你为自己负责时，孩子愿意倾听你的想法，并作出自己的选择，而你也会尊重他的选择，因为你扮演的是自己的角色，不是他的角色。孩子是否回应你的需求与你表达自己的方式直接相关。如果你暗示孩子要为你的感受负责，他会感受到压力和威胁，以至于不堪重负，无法满足你的期望。以下列出了一些把责任加在孩子身上时常用的典型句子：

★你让我感到……

★我觉得你不懂感恩。

★你让我很生气。

★你让我失望。

★我无法处理你的……

★你吵得我头疼。

★你让我发疯。

★我拿你没有办法。

★我已经很累了，你总是……

我们还会运用语言之外的方法或者更加隐蔽的面部表情和身体语言来使孩子感到愧疚。收集你经常用来引发孩子愧疚感的语言和表情，列出属于自己的"黑名单"，并加深对它们的认识，能够帮助你抵制它们的出现。

有时候，家长希望保护孩子免受强烈情感的伤害，然而，当你处在爆发边缘时，却告诉孩子你"很好"，这么做会教他压抑或隐藏强烈的情感，并对你产生恐惧心理。此外，如果没有给出明确的解释，孩子会猜想导致你不悦的原因。由于孩子的天性倾向于以自己为中心来思考问题，他可能会把原因归咎到自己身上，并得出不快乐时应该隐藏自己真实感受的结论，或者作出其他一些错误的解释。

如果你能够不露痕迹地与孩子待在一起，当然很好，可是，如果你必须表达，一定要用安全的方式与孩子分享。你没有必要用无关紧要的细节使他害怕，也不能把他当做心理医生。不过，你可以和他分享你的感受，以及一些他可以轻松承受的事实。

要记住，只谈你的感受，不责备、埋怨任何人。举个例子，如果你回到家时怒不可遏，你可以说："刚才在银行遇到的事让我火冒三丈，我真想尖叫。"或者，在你听说一个朋友生病后，你可以说："我的朋友图瓦病得很厉害，我好害怕，我需要独自待一会儿，咨询一下心理医生。"有时，你还可以补充一句："这件事与你没有关系，我自己能够处理好。"这种简单的解释可以防止孩子产生愧疚心理。通常，当他感到安全时，自然会表示出对你的关心。

认识到自己有释放强烈情感的需要，这一点非常重要。如果你的爱人和朋友能够关心你，倾听你的感受，你可以去找他们。如果你需要专业咨询，那么请与心理医生预约，同时让迷惑的孩子知道，你要和心理医生谈谈内心深处的感受。如果你打算自己解决问题，请参考第一章中的自我审视指导原则。

不仅你与孩子之间的关系会影响孩子的自我表达方式，而且你与伴侣以及其他成人、孩子的关系都会对其产生持续的影响。学会流露你的脆弱和心底的感受，而不伤害任何人。看到我们哭泣、在矛盾的情绪中挣扎或讲述其他痛苦的感受，孩子会运用与生俱来的表达强烈情感的能力，赢得内心的强大和自由。

你无须保护孩子让他免受强烈情感的伤害，只需避免把这些情感归咎于孩子或其他人。如果你责备他人、埋怨他人，那么你应该认识到自己的错误，尽量作出弥补。唯一不应与孩子分享的感受是父母对孩子或其他家庭成员的安全的担心，比如"我害怕他会受伤"，可能伤害孩子自我感知的想法，比如"我担心他不会成功"，以及对孩子健康状况的忧虑："他很容易生病，我真为他担心。"

如果孩子看到你诚恳地表达自己的感受，而不是把责任强加在其他人身上，他会明白自己也可以自由充分地表达感受。这样，他会更加清楚地认识自己，坚定勇敢地开创自己的道路，在表达感受后不受影响地继续前进。我们无法保护孩子免受命运的挑战，可是我们可以教会他热爱现实，提供给他充分表达感受的自由，为他形成乐观健康的性格搭建坚实的基础。

第四章
安全感

孩子和你分享他丰富多彩的人生,并不是因为怕你,而是因为他希望和你分享。

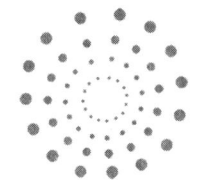

孩子只有在感到他可以自由地表达自己时，才会有安全感，才会放下心理包袱，勇于坚持真我。而一个孩子能否自由地表达自我与他的安全感紧密相连。如果他觉得你也有脆弱的一面，别人在你面前完全可以直言不讳，并且当他说出自己真实的想法时，你通常都尊重他的想法，对他表现得很友善，他就会觉得有安全感。

孩子会从经验中吸取教训：犯了错会平安无事还是会遭到责骂？哭会不会得到你对他的尊重和重视？如果向你倾诉内心深处的恐惧会不会得到你的同情？你周围的人是否敢于在你面前直言不讳？他们犯了错后你怎么对待他们？孩子很会察言观色，他不想因为自己过于诚实而说错话或是做错事，导致父母批评他、轻视他，一味地

第四章
安全感

给他提建议或是想要改变他的想法。当他不能确定父母对自己是不是无条件的爱时，他们会隐藏自己的真实想法。

我们的目标并不是要培养出天不怕地不怕的孩子（当然这也不可能而且很危险），而是要让孩子学会释放自己的不安，平衡自己的情绪。持续地保持焦虑会影响孩子思考、学习、理解能力的提高，阻碍他的自我发展。孩子可以很快地释放自己的情绪，也可以一直压抑自己的痛苦。家应该是让孩子感到最安全的地方，在父母的倾听和其他家庭成员的关怀下，他可以大胆地释放自己的情绪。

不管我们如何努力，孩子还是会觉得自己生活在一个令人不安的环境里，对于这些身体弱小，又初涉世事，还需要依赖大人的小家伙而言，这种感觉很正常。身为父母，你是孩子的避难所和保护伞，在他长到足够大以前，他只能信任你并且依靠你。为了他和你自己的幸福，请支持你的孩子，他需要你的支援，需要你认同他的感觉、选择和想法。在一次咨询座谈中，一位父亲向我讲述了他是如何做到让儿子放心地向他倾诉的经过。

在公园里，五岁的赫博一个人在玩滑梯，当他刚好滑到滑梯底部时，两个男孩走到了他面前。"你愿意和我们一起玩旋转木马吗？"其中一个男孩问赫博。

赫博沉默地看着他们，一动不动。然后，他跑向自己的父亲，并且把脸埋到爸爸的外套里。

其中一个男孩问赫博的爸爸："他为什么不说话呢？"

"我想他希望自己一个人玩。"罗伯特回答。

两个男孩离开了。罗伯特摸着儿子的头问"你现在还想滑滑梯吗?"

"我想回家。"儿子回答。

"好吧。"罗伯特说着站起身来，牵着儿子的小手，离开公园。

"你喜欢一个人在游乐园玩?"罗伯特问道。他想要了解儿子的真实想法。

"是的。"

"你希望其他的小朋友不和你说话?"

"嗯。"

"好的，我明白你的感受，我也比较喜欢一个人做事情。"

"伊丽莎白喜欢和其他小朋友一起玩。"赫博提到他的姐姐。

"是的，我知道。你比较像我，我小时候就喜欢一个人玩，并且也不喜欢和其他小朋友说话。你觉得怎么做是对的就怎么做，这没什么问题。"

"爸爸?"

"什么，赫博?"

"你知道我现在想做什么吗?"

"想做什么?"

"回家，然后把剩下的比萨吃完。"

赫博的爸爸并没有想过要改变儿子的想法，也没有告诉儿子他的做法不好，而是尊重儿子的想法，和他一起分享他的观点，让他做自己认为对的事情。他的这种做法让孩子感到有安全感，觉得很贴心，而且由于这种信任，孩子会更加自信，同时也更加愿意向父亲敞开心扉。你的目标是和孩子亲密无间，使他愿意主动与你分享他的感受和想法，因为他深信你对他的爱是无私的。

如果孩子对你的支持产生一丁点儿怀疑，都会阻碍你们之间的良好沟通，他很有可能会为了避免激怒你或是躲避你的批评而隐瞒自己的真实想法。或许他会拒绝告诉你他的感受，因为他上一次准备告诉你时，你由于太忙而没有给他太多的关注，或是你只是一味地向他提出建议而没有认真地倾听；或许他会很快答应你的要求，但他并不是真心想要帮你或赞同你的意见，而是因为他不敢坚持自己的观点。这些情况最终会导致孩子失去自我认知和自我肯定的能力，也必然会对他的思考能力和人际交往能力造成负面的影响。

孩子长大以后才会意识到，他们小时候一直不敢做真实的自己。在一次咨询座谈中，一位母亲分享了她童年时强迫自己做优等生的经历。"我别无选择，"她说，"我必须做得最好，并一直假装自己很享受这个过程，事实上我感到很无助，害怕自己做得不好，得不到其他人的爱和认同。"

另一位母亲也告诉我，她小时候为了和姐姐争宠，经常假装同意父亲的看法。"我和姐姐吵架时，父亲总会来调解，即使我非常生气，也会假装接受父亲的解决方案。"孩子需要家长的认同，一旦他们觉得自己失去了父母的爱和尊重，就会产生自我怀疑。有时他们需要的不仅仅是我们的尊重，还需要我们了解他们内心的痛苦，特别是在受到批评或生气时。如果只让孩子经历和看到美好善良的一面，这不现实也不利于他的成长，要想让孩子健康快乐地成长，就必须接受你自己和他所犯的错误。要对孩子诚实，勇于承认自己的错误会增加孩子对你的信任。要让他知道，他随时都可以向你倾诉内心的真实感受。

如前所述，否定或臆断孩子的感受是造成孩子没有安全感的主要原因之一。如果一个孩子对自己所说的和所做的感到羞愧的话，他很可能会从此封闭自己的心灵，隐藏自己的真实感受，只做你希望他做的事，而你可能不会注意到他的改变，也不会发现他已经戴上了面具，直到铸成大祸。

另一个使孩子感到难堪或受到伤害的原因是所谓的"幽默"。不要以为你笑着说就不会对孩子造成伤害，他可能装作很喜欢你的玩笑，但实际上内心很难过。说到这里，我想起了约瑟夫和他爷爷的故事。

晚餐时，六岁的约瑟夫一边咀嚼着嘴里的食物，一边高兴地发表着言论。

"嘿，约瑟夫，告诉你，吃饭时我都不敢睁开眼睛，因为一旦睁开，就连你的大牙也可以看得一清二楚。"约瑟夫的爷爷特德笑着说。

约瑟夫一言不发。

"你认为爷爷的这个玩笑如何？"他的爸爸萨姆试图缓解尴尬，"你想要说点什么吗？"

"就是嘛，只是个玩笑，你说呢？"特德说道。

约瑟夫低垂着眼回答道："哦，这很有趣。"

在咨询座谈中，约瑟夫说："我只是装作自己很喜欢那些玩笑，其实我恨透它们了。我感觉很糟，他拿我来开玩笑还自以为很幽默。"

"你为什么不直接告诉爷爷你的感觉呢？"他的爸爸问道。

"我怕他会生气，或是和你吵架，爸爸，"约瑟夫回答说，"因为他觉得我应该会喜欢他的玩笑。"

孩子认为要尽快结束一段不开心的会谈，最简单的方法就是假装很喜欢大人的意见，做大人喜欢他做的事情。以幽默为借口的贬低对孩子的伤害极大，假装接受这个"玩笑"可以让他保护自己不受更深的伤害。当然，在这种情况下，孩子根本不能感受到我们的爱，无法和父母分享自己内心深处的真实感受会让他十分不安，日子一长，他会得出这样的结论："肯定是我自己哪里出了问题，我总是不能做到父母希望我做的事。"这种想法会严重打击他的自信。

想要创造一个让孩子感觉安全的环境，身为家长的我们就不要害怕犯错误。如果我们都畏畏缩缩，孩子就会受到感染，从而产生自我怀疑。但是，过度地照顾孩子的感受，会使他们变得很敏感，也会降低他们适应现实社会的能力，减少他们抵御痛苦、敢于犯错的勇气。其实，孩子只要得到父母一定的关注和支持，就完全有能力凭借自己的力量应对各种困境。事实上，父母并不能做到面面俱到，而父母的不完美正是孩子自我成长的机会。只要双方勇于承认自己的错误，坦率地表达自己的感受，就可以不断进步，共同成长。

你的情绪与孩子的安全感

对于孩子和成年人来说，彼此之间自由地表达自我是不一样的。无论你的孩子怎样表达自己，你都应该洗耳恭听，但是他不能做你的倾听者，因为你的内心感受可能会吓坏他或者影响他，他还无法和你一起面对你的痛苦。孩子既不是家长也不是心理医生，没有能力去安慰或劝诫一个狂怒或者受伤的大人，倾听一个成年人的情绪表达可能会吓坏或伤害到孩子。与其这样，还不如让他来找你诉苦。

当你向孩子倾诉时，其中一些极端的情绪和表达可能会给孩子带来不必要的负担。要记住，未成年的他不是你的避难所。当然，如果你能保证你的言语中没有任何偏激或是对他人的指责的话，你可以和孩子分享你的感受，也就是说，你说话的重点是在你自己而不是在他人。"看到我的衬衫这么皱，我生气极了"，这句话没有针对任何人，相反，"就是因为她，我的衬衫才会这么皱"，会让孩子觉得下次你可能会因为这种事情而指责他。避免指责他人除了让孩子有安全感以外，还可以传递给孩子一种主观意识——他不会成为指责的受害者。

如果你从小就生活在一个不能自由表达自己的家庭中，就会发现你很难让你的孩子在家里获得安全感。原因是当你的孩子在表达自己内心感受时，会勾起你童年不敢表达自己的可怕回忆，你不希望再回想起过去的痛苦，自然就会阻止孩子表达自我。

当然，让我们回想起自己的真诚被人无情否定的时刻，我们是痛苦的，但是我们不能因为自己的不适就阻止孩子表达自己。当孩子想要表达自己时，我们应该使用S.A.L.V.E.原则——（S）停止自己的回忆，只专注眼前，让孩子说下去，不要随便评论（有时间的话，去了解一下事情真相；没有时间的话，以后再去探究），并且把注意力（A）放在孩子身上，倾听（L）、肯定（V）孩子此时的感觉，用你的专注和信任赋予孩子力量（E）。

另一种方法是，记下你当时的反应，然后再去考虑有些话是否恰当，是否应该对孩子讲，是否适合在当时的情况下讲。你可以自己一边讲一边记录，或者是请另一个成年人帮你记录，之后再来审视自己当时的反应。如果你坚持这样做，以后就不用担心自己说的话会文不对题，或是引起孩子的恐慌了。互相理解，建立一个安全的家庭环境，让你和孩子变得亲密无间，即便是其中一方受到伤害，也会坦率地说出来。如此，在教育好孩子的同时，我们也得到了成长。

有些家长会说，他们的孩子可以倾听他们的痛苦和感受，并且还会安慰他们，但是要知道，这么小的孩子在担当一个倾听者时很容易感到害怕和内疚。看到连父母都不能很好地处理困难，他们会害怕和恐惧，甚至会认为自己是造成父母痛苦不安的原因，从而感到内疚和羞愧。

虽然我们没有必要隐藏或是掩饰我们的痛苦和快乐，但是要孩子担当心理医生的角色，去面对一对不安和害怕的父母，去面对一对软弱、不知所措的父母，必定会造成他们内心的不安和恐慌。记住，父母是孩子所有的依靠，他信任你，希望你帮助他学会怎样面对困难、克服困境。当然，等到他长大成熟以后，你完全可以告诉他你的苦闷，让他为你分担痛苦，甚至和你同甘共苦。

认识源自恐惧的行为

很多孩子，当他们缺乏安全感时，时常会有一些行为举止。通过观察以下这些行为，我们可以知道孩子内心是否缺乏安全感。当孩子感到害怕或者羞愧时，常常会有这样一些行为：

★缺乏安全感的孩子会在父母面前隐藏自己的行为。例如，他可能会在大人没有注意到的情况下去招惹自己的哥哥。相反，一个有安全感的孩子不会在乎大人有没有注意到，事实上，他或许会专门在父母面前表达出来，从而希望父母能够满足他的要求。

★当面对令人不悦的事物时（一个丢失的玩具、一个打破的碟子或一次不公平的游戏），没有安全感的孩子很容易说谎，因为他害怕父母知道真相后的反应。当面对父母时，他会低着头看着地面，声音细若游丝或根本什么也不说，或者故意用很大的声音，尽量装作自信的模样说出"真相"。但一个有安全感的孩子根本不会隐藏或是欺骗，他的父母不会怀疑他的话，他会冷静自信地说出事实，并且不会逃避父母的眼神。

★一个害怕受到批评的孩子在父母进入他的房间时会立刻停止手中的事，而有安全感的孩子可能根本不会注意到父母的出现——即便他注意到了也会继续手中的事情，或者请父母来看看他在做什么。

★一个缺乏安全感的孩子不会坚持己见，特别是在他觉得可能会遭到父母的反对时，更加容易妥协。而自信的孩子会尝试着和父母沟通，通过和父母交谈来表达自己的想法，即便他还太小，不会说话，也会尝试着通过自己的肢体语言来表达。

★缺乏安全感的孩子同样缺乏自己作决定的能力。他因害怕遭到批评而努力去想怎样做才能得到父母的接受和认同。他可能会说"我不知道"，或者干脆一言不发等着父母来替他作决定，作一个安全无误的决定。

★胆小的孩子可能会有些自闭和离群，进而会出现狂躁、抽搐、尿床、做噩梦或是其他一些不好的症状。有安全感的孩子会很健谈，并且在父母面前表现得很放松。

★缺乏安全感会导致孩子的精神很难专注，从而出现理解上的困难。有自信的孩子则很会运用自己的智慧去思考问题。

★缺乏安全感的孩子开心时也会显得小心翼翼，他会极力压抑自己不要做真实的自我，可能会表现得格外彬彬有礼，格外顺从和听话。而自信的孩子不会为了取悦家长或是其他人而伪装自己，他可能会表现得很固执，甚至有些自负，毫不隐瞒地表达自己的真实需要和喜怒哀乐。不管是害羞还是强势，有自信的孩子都不会为了迎合他人而改变自己。

这些典型的缺乏安全感的现象在大多数孩子身上都会表现出来。即便我们很小心地和还是婴儿的他交谈，悉心地照顾他，和他一起睡觉，给他温暖的拥抱，在他的整个成长过程中或多或少还是会有缺乏安全感的时候。当你发现你的孩子有一些缺乏安全感的征兆时，即使你认为自己对他已经很温柔了，也一定要肯定他的感受："我说'停下'的时候吓坏你了吗？"或者当你发现他因为害怕受到指责而隐藏自己的感受时，你可以说："你其实并不想参加游泳队，是吗？做你自己认为对的事情，你知道自己需要什么。"长此以往，你对他的信任会渐渐减少他的恐惧害怕，重建你们之间的相互信任。

当孩子有了安全感以后，他就会敢于表达真实的自己。当他受到伤害时会运用哭泣、语言和玩耍来宣泄自己的情绪，从而保持正常的心理状态，得到真正的快乐。

创建富有安全感的家庭关怀环境对培养孩子的自信也非常重要。家就是爱的港湾，在这里你们互相拥抱，互相包容，相亲相爱。

预防说谎、隐瞒及其他源自恐惧的行为

要制止或改掉孩子说谎、掩饰或是其他不好的带有防卫性的习惯，我们必须了解使孩子产生这些不良习惯的原因。孩子有安全感时，自然会表现得坦率诚实，但有的时候，即便家长已经给孩子创造了一个很安全的环境，孩子仍然会没有安全感，因为他毕竟还是一个孩子。孩子既敏感又希望得到尊重，所以家长不要挑战他的忍受极限，也不要一味去证明他在"说谎"。如果他隐藏了事实真相，你要知道，那是他缺乏安全感的表现，你要做的是减轻他的恐惧，探究他感到害怕的原因。在一次电话交谈中，我分享了马泰成功地让女儿重拾信心、找回安全感的经历。

当马泰走进女儿的卧室时，发现六岁的女儿正在试着把一个碎了的花瓶粘好，她看上去很紧张。

"它自己掉下来的。"阿迪娜低着头说。

马泰斟酌着应该怎样回答她。那个花瓶很漂亮，是他结婚时一个很好的朋友送的。他有些不知所措，但还是弯下腰和孩子一起继续那个不可能完成的任务。

过了几分钟，他说："我想我们没有办法把它还原。"

阿迪娜停下手中的活，开始号啕大哭。马泰知道她在害怕，害怕说出真相，于是对她说："任何人都可能犯这种错，前几天我不是把照相机的镜头摔坏了吗？"

阿迪娜看着父亲，感到心里放松了很多，她回答道："我没有注

意到那盆花和它靠得那么近,我推了一下那盆花,想要给我的洋娃娃多一点空间。"

"哦,我知道了,接着花瓶就掉了下来。"马泰冷静地补充道,"你是不是因为害怕我像那天一样对你生气?"

阿迪娜点点头。

"那次对你生气后我就后悔了,现在我不会再对你生气了。那个花瓶是很漂亮,但是我更喜欢你,我希望你也一样爱我,愿意把心里的事情和我分享。"

"爸爸?"

"是的,阿迪娜。"

"我们一起把它打扫干净吧。"

马泰对待女儿的方式是大多数人对待客人不小心打坏自己心爱的花瓶的方式。要知道,发生这种事以后,对方往往会感到内疚和尴尬,我们要做的就是帮助他消除这种感觉。马泰把阿迪娜说谎的原因都归结到自己身上,没有任何语言和表现比信任更让孩子感到安全,宽容的举动更容易让孩子说出真相。当然,你不可能时时刻刻都让孩子感到绝对安全,当你发现自己的行为可能吓坏孩子时,必须要认识到自己的错误,并且努力去了解孩子的真实感受,从而重新建立你们之间的相互信任。只要你肯花时间、花力气,了解孩子并不是一件难事。

以下这些行为可以增加孩子的安全感,在父母和孩子之间建立相互的信任:

★不要轻易赞扬或者批评你的孩子（或是身边的其他人）。对孩子而言，一味取悦你或是满足你的期望就是最大的压力来源。

★无论是在公开场合还是在私底下，都要尊重你的孩子，善意地和他对话。鼓吹、指责、打断或批评他人都是不好的行为，不管对方是小孩还是成人，因为这些都会使他感到害怕、羞愧，产生不信任感。要发自内心地表达你的爱、赞赏和关心。

★不要把你的孩子和其他孩子作比较。比较也是一种评价，这种评价会让孩子感到紧张，甚至惶恐。如果你在比较时表扬了他，他会害怕失去下一次的表扬；如果你在比较时表扬了其他孩子，他会感觉受到伤害，并且对你和另一个孩子产生怨恨情绪。

★善良地对待你的配偶、朋友和亲戚。当孩子目睹不融洽的关系时，他会害怕有一天自己也会受到这样的待遇。此外，我们还要时刻记住，孩子随时会效仿我们。

★鼓励孩子勇于表达自己的情感，并且要认真倾听，以认同来回应他。

★尊重孩子的决定和选择。当你漠视他的选择、反对他的决定，甚至把自己的想法强加到他身上时，孩子会对自己产生怀疑，从而失去安全感。相反，如果你提醒自己开口就说"好的"，那么你将自然而然地给他正面的、积极的回应。"好的，你喜欢撕书，这些杂志可以拿去撕。"或者"好的，我知道你喜欢玩你头上的那个塑胶袋，这里有一个纸袋，比那个更安全，如果你想要的话，我还可以在眼睛那个位置挖两个洞。"即使他做的事情本不应该得到你的支持，也要说"好的"，以此来洞察他的真实想法和目的，"好的，我知道你总是喜欢激怒姐姐，可以告诉我为什么要这样做吗？"

★不要去阻止或者控制孩子自然、幼稚的举动。喧闹、大笑、把东西弄得乱七八糟、没完没了地问为什么，这些都是孩子的自然反应，也是他成长的必经过程。

★不要惩罚或收买孩子，也不要和孩子谈判，或是让孩子考虑清楚后果。不管我们给这些方法冠以什么样的名字，不管我们的态度多么温柔，我们的本意多么善良，使用这些方法的目的都是要控制孩子的行为，而这只会造成孩子的恐惧，减少孩子对我们的信任，让孩子走向歧途。

控制孩子的代价

有些家长认为，控制是对孩子的一种鼓励，通常会促使孩子表现得更好，而且孩子也很愿意按照大人说的做。请你牢记住这一点，那些看上去既乖巧又开心的孩子可能一点儿也不快乐。相反，他们可能极度渴望快乐，并且拼尽全力想要达到父母的期望。也许他们害怕表达自己的真实感受，当他们表现得很开心时，只是在为自己满足了父母的期望而高兴，而不是在为自己正在做的事情（帮助他人、和他人分享、学习）感到高兴，这种表面上的开心让父母很难注意到孩子内心的变化。

例如，一位母亲曾对我说："当我把她赶进房间或者打了她以后，她会很快平静下来，之后会表现得更好。"问题是"表现得更好是为了谁？"事实上，由于害怕而顺从的孩子并不会表现得更好，反而会愈来愈糟。他会变得没有安全感，很容易就放弃自己的想法和目标，只是一味地满足父母的期望。

无论你在实施惩罚、冷处理或是责成他承担后果时表现得多么温柔、多么和善，都会不可避免地造成一种后果——可能你现在还察觉不到，但是若干年以后，这个孩子会表现出缺乏判断力和自信心，容易沮丧，容易吸毒，迷恋暴力，并且还可能会出现自残的现象。被父母控制的孩子不可能真正感受到父母的爱，相反，他可能会封闭自己的内心，并且也倾向于控制其他人。

自信是一种坚持自我意愿的强烈情感意识，顺从的孩子一般很胆怯，在情感的表达方面也有障碍。俄国教育学家 L. S. 维果茨基（L. S. Vygotsky）写道："充满激情的人，能做大事的人，具有强烈情感的人，有强烈意识和个性的人，小时候很少是顺从听话的。"

温柔的控制对孩子和家长都是一种愚弄和自欺欺人。如果一个孩子对惩罚、冷处理及其他方法都无动于衷，甚至报以微笑，说明他已经极度缺乏安全感以至于根本不敢说出自己的心声。长此以往，他再也不会有自己的主见。这样的孩子会告诉自己，爸爸妈妈说的都是正确的，不应该有所怀疑，这种质疑的态度是错误的。

即使出现了父母所谓的"自然"后果，大多也是父母强加给孩子的，它们和惩罚一样会造成伤害，最终导致相互间的不信任。如果一切是自然产生的，那么就应该不受任何外力的影响。例如，一位父亲告诉我，儿子没有完成自己分内的家务事，"自然"结果就是他不能去朋友家玩，必须待在家里继续完成任务。但是，孩子没有洗碗的自然结果只有一个，就是碗都是脏的，但取消他和朋友的约会则是父母强加给他的惩罚，孩子和其他人一样会害怕这种惩罚。设想一下，如果你的丈夫告诉你，只要你没有把草坪修整好就不能去上瑜伽课，你会有什么样的感受。

当然，你可能最终会放弃你的瑜伽课，孩子也可能在和你沟通后放弃外出，待在家里把碗洗完。但是，这种选择必须建立在双方相互尊重的基础上，并且应该出自内心真诚的意愿。你可以和善地要求孩子把碗洗完，或者寻找其他更加周到的解决方法。了解他没能把碗洗完的原因后，你也许会发现，下次分配家务事的时候作一些改变可能对他更合适。控制他人只会造成误解和恐惧，不能真正地解决问题。当你向孩子提供帮助时，孩子也会从你身上学会无条件地帮助他人。正如"爱"那一章所提到的，孩子可能会利用你无私的爱，但是不要因为这样就不再给予爱，而让孩子失去安全感。

在受到他人控制时，孩子会感到被羞辱和孤立。当大人使用温柔控制法时，孩子会感到困惑，从而对自己的感觉产生怀疑，并且压抑自己的真实情感。"爸爸妈妈对我那么好，我为什么会感到不快乐呢？肯定是我自己哪里出了错。"同样，父母也会由于孩子的表现而错误地认为这种控制对孩子有益，然而，事实上孩子却感到受伤和困惑。

在我们对孩子感到失望时，要考虑到建立在恐惧之上的规矩可能会导致建立在恐惧之上的顺从，而这并不利于孩子的成长。即使强权可以帮我们达到最终目的，但是它会伤害孩子的感情，打击他的自信，破坏你和他的关系。当孩子拥有安全感时，他会表现得极其自信，他做事并不是为了取悦你，而是因为他想要成功。他变得善良能干并不是因为他害怕你，而是因为他爱你。

鼓励孩子表达不可避免的恐惧

我们无法预料到使孩子产生恐惧的所有原因，因此，需要教会孩子如何处理恐惧的情绪。导致恐惧产生的原因包罗万象，可能是天生的，也可能源于从小失去母爱、在操场上遇到一件很可怕的事，甚至一个故事、一部电影、一个说话声音很大的客人或者长相很可怕的人，当然还有一些我们不知道的其他原因。如果家不是孩子可以自由表达情感的地方，或者孩子的感觉得不到认可，孩子就会越来越缺乏安全感，并且出现情感障碍。所有的情感障碍都是由痛苦的经历不断累积而成的。恐惧实际上是孩子的情感和生活的主要组成部分，有时这种恐惧并非直截了当地表现出来，而是通过其他方式或其他忧虑表现出来，比如怕黑、怕睡觉、怕动物、怕某些人、怕接触、怕离开家，等等。其中一些恐惧情绪其实是成长的必经历程，只要孩子找到正确的发泄途径，这些恐惧就会很快消失。

　　如前所述，如果我们只是一味地要求孩子冷静，而没有给他倾诉的机会，孩子的情感就很难得到宣泄和释放。在我们阻止孩子表达自己的想法时，如果我们的态度显得漠不关心甚至厌烦，这只会让孩子更加害怕，害怕对他人表达自己的内心感受。同样，他也会对自己产生怀疑，他会想"我一定做错了什么，我不应该那么害怕"，这种害怕的感觉会比最初的害怕更加痛苦。所以，无论何时，父母只有体会孩子的恐惧、认同他的感觉，孩子的内心才会感到平静。

　　面对恐惧时，你的镇定自若会对孩子产生很大的帮助，他会觉得恐惧是人生的必然经历，而不是什么人生的苦楚，没有什么好回避的。如果他怕黑，首先你要认同他的感受，然后对他说："我明白你的感受，在黑暗中我们什么也看不见，自然会幻想一些可怕的事情。"当一条狗靠近你们，他依偎在你身边时，直接把他抱在你安全

第四章
安全感

的臂弯里，对他说："狗狗好大，你害怕它，对吧？有妈妈在，不用怕。"你最好不要说"狗狗好乖啊，不要怕，上去摸摸它"，等等，因为你这样做否定了孩子的感觉。记住，要让孩子觉得他所经历的事是每一个人都可能遇到的，他的反应也是最正常的，这样他才会把真实的感受告诉你，他才会觉得他的做法没有错。

即使是很痛苦的经历，只要说出来，或者通过哭泣、写作、表演等发泄方式表达出来，孩子的心中就不会留下疤痕。不敢提及童年痛苦经历的人往往并不快乐。人们在咨询过程中都表示，其实最痛苦的并不是经历本身，而是那种不敢对他人讲述的可怕的孤独感。

遭遇痛苦经历时只要能说出来，或者以其他方式表达出来，并得到认同和肯定，那么，即便面对再大的痛苦，也可以处理得很好。在工作中，我曾多次遇到小时候深受迫害和虐待却泰然处之的人，也遇到过那种生活顺利但内心充满痛苦的人，两者的不同点就在于他们小时候是不是敢于说出自己的感受，在他们倾诉时是否有一个人认真倾听，并且给予肯定，相信他有能力处理这件事。如果让有情感障碍的人说出自己深埋在内心的痛苦和孤独，他们很快就能治愈。其实，重点不在于他的经历，而在于他能不能表达出心中的孤独，敢不敢把自己的痛苦经历告诉别人。

大多数时候，对孩子来说，痛苦经历就像是一个良性肿瘤，伤害他的并不是经历本身，而是长期不敢表达的累积于心中的孤独和恐惧感。只要与别人分享自己的感受和想法，他就可以治愈内心的伤害，良性肿瘤也就不会转为恶性。

表达怨恨

很多人认为"怨恨"会引发不快,甚至造成对他人的伤害。当一个孩子尖叫着说他讨厌姐姐或者恨爸爸妈妈时,我们的第一反应可能是制止这种行为,改变他的想法。然而,怨恨其实和事实无关,当然也不是什么令我们恐惧的行为。和生气一样,怨恨之中其实隐藏着孩子想要表达的其他情绪,即便这种感觉源于误解,但它确实存在。只有当孩子宣泄自己的情绪后,他才有可能冷静下来,探究事实的真相。

如果我们想让孩子不再有这种情绪,就必须找到使孩子产生怨恨的原因。我们的任务是让孩子自由地表达可能会引发怨恨的情感,前提是不能够伤害他人。当孩子发泄完自己的情绪以后,他会注意到,其实情况比他自己想象的要好得多。在我的办公室,一对父母讲述了一个肯定孩子的情绪从而使孩子消除怨恨的故事。

八岁的加布想要整块蛋糕。当祖母把蛋糕分成两份,准备给他表妹一份时,他对祖母说:"我恨你,你总不让我得到我想要的东西。"

"只得到一块蛋糕让你很失望,你还想要另外一块,是吗?"祖母问小加布。

"是的,"加布回答道,"我想要一整块蛋糕。你说那是买给我的,是因为我来了专门买给我的,那时劳拉还没有来。"

"哦,我明白了,你希望自己独享蛋糕。"

"是的，就我，我一个人。"加布回答时，眼中闪出一道亮光。

"我知道那是什么感觉——"

祖母的话刚开头就被加布打断："奶奶，我可不可以要有草莓的那一块？"

当孩子的话语得到肯定，内心获得安全感以后，他的情绪消失的速度比我们想象的还要快。加布的祖母不喜欢"恨"这个字眼，但是她并没有立刻阻止或者呵斥加布。相反，她提出一些问题让加布意识到，他的感觉是失望，他的期望是想拥有整块蛋糕。祖母没有否定加布，所以，他可以完全释放自己的情绪，心里充满安全感。当这种情形反复出现几次后，加布在表达感受时就会说"我感到很失望"或是"我感到很生气，我希望能拥有整块蛋糕"，而不是说"我恨你"。等到他再成熟一些以后，他会学着调整自己的情绪，一旦有不如意的事情发生，他能够快速地控制自己的情绪，正确处理自己的期望，始终保持愉快的心情。

孩子之间的怨恨

如果可以，最好把孩子之间的怨气转移到父母或是深爱孩子的其他成年人身上。我们要让孩子觉得在我们面前宣泄自己的情绪是最安全的，尽量不要让他在兄弟姐妹或是朋友面前发泄，因为这可能会对别人造成伤害。你可以告诉你的孩子，如果他对别人感到生气，可以随时告诉你，你会认真倾听，并且不作任何评价。

无论我们多么努力，孩子之间还是会经常爆发矛盾，相互埋怨愤恨。孩子很善于制造一些让大人棘手的场景，如果他们双方势均力敌的话，问题还不大，但是，如果有一方较为强势，另一方就容易受到伤害，失去安全感。这个时候，大人要做的不是立刻否定弱小的孩子的感觉，告诉他"哦，不，我们喜欢你，你这么聪明、这么可爱"，然后给他一个拥抱。这种做法只会让孩子觉得问题根本没有解决，当再一次出现这种情况时，他仍然不知道应该怎么处理，只会更加害怕。我们要做的是询问他的感觉，肯定他的回答，从而重建他的信心，让他不要被愤怒冲昏了头。举一个例子：

罗伊跑过来向姨妈抱怨："玛丽安骂我笨蛋，还说她讨厌我。"
"如果你相信她的话，你认为你是什么？"姨妈说。
"笨蛋。"
"那么，你认为自己真的很笨或是很坏吗？"
"不，"罗伊自信地回答道，"我知道自己既聪明又善良。"他想了一下，又跑回去玩了。

帮助孩子坚持自己的价值观、正视冒犯的言语，可以让他在将来面对无礼的伤害时进行更好的处理。罗伊的姨妈让他明白，如果他相信朋友所说的话，那他才是笨蛋。换句话说，她通过提问让罗伊认识到了事情的真相。如果你不确定怎么问最合适，那么你可以参考以下这个例子——"你认为哪一点伤害了你？"——让孩子自己去分析。我们和孩子的沟通可能会给他启示——比如罗伊和他姨妈的交谈，也可能让他大哭，尽情发泄自己的情绪，无论怎样，都可以帮助他最终了解自己的内心和认识自己的能力。

第四章
安全感

如果情绪没有通过向父母倾诉的途径而得到化解，孩子之间的怨恨就会反复出现。我们可以通过满足孩子的需要、倾听孩子的愤怒来消除孩子内心的怨恨，我们愈是接受和肯定他的感受，他就愈愿意向我们倾诉。当我们倾听和接受他时，他可能会渐渐意识到一些潜在的、在冲突中被隐藏的感受（参见第三章"倾听孩子的愤怒"），这样他可以学会调整自己的情绪，而不会被愤怒和怨恨冲昏了头。

"要是能甩掉妹妹就好了"

尽管肯定孩子是一个很好的方法，但是在有些情况下，盲目地肯定是荒谬的。例如，一个孩子对你说："我希望我的妹妹死掉，我真想杀了她。"或许我们可以理解他的愤怒，但是因为担心他的恐吓可能成真，或者觉得孩子不应该使用这么暴力的语言，所以我们会否定孩子的感受。但是，对于有极端思想和暴力倾向的孩子来说，否定、批评或惩罚可能会让他感到更加痛苦，认为自己受到排挤，最终铸成大祸。事实上，孤独和缺乏安全感是导致孩子产生暴力倾向的一个重要原因，如果把孩子的这些话单纯地看做一种情绪的宣泄，你或许可以冷静地倾听。

肯定他的感受并不代表你同意他使用暴力，事实上，你只是支持他表达自己的怨恨情绪，你的支持最终会使他减少暴力倾向，变得更加理智。就像之前提到的 S. A. L. V. E. 原则中的 S，你和孩子其实都需要表达自己的痛苦感受，不同的是你可以自己分析、默默消化，但是孩子不能，他必须说出来，所以你需要倾听他，做他坚强的后盾。你可以说："我明白，你和卡蒂相处得不好，你想要摆脱她，我知道和自己不喜欢的人相处是什么感觉。"你甚至可以和他分享你的类似感受："我记得我以前总是希望我哥哥摔下悬崖。"当然，如果孩子没有要求，你没有必要详尽地告诉他事情的经过。因为在这里，重点是孩子，而不是你，你的回忆只是为了让孩子和你靠得更近，使孩子的感受得到肯定。

如果你允许孩子表达出暴力情绪，或者理解每个人都会偶尔产生暴力情绪，你就可以帮助孩子减轻内心的痛苦，并且明白其愤怒的来源，从而不会有过多的担心和内疚。

和生气一样，怨恨是受到责难后情绪的累积和爆发，说明其他人可能对他有所非难。提一些问题，会让他重新冷静地认识自己和自己的感受，意识到自己的力量和能力，不再被受害者的心态所困扰。由于某件已经发生的事而责怪孩子，只会让孩子感到无助，因为他此刻已经无能为力。他不能改变自己的妹妹，也不能改变既成事实，但是他可以改变自己的感觉，把握现在。要让孩子建立起自信，不要让他总是把自己当做一个悲剧角色。

孩子可能会对自己的暴力幻想感到害怕甚至内疚，你应该告诉他，偶尔有这种幻想是很正常的，并不会影响到你对他的爱。每个孩子都有情绪需要发泄，幼小的孩子可能会发泄在玩具身上，再大一点的孩子可能会通过表演或者画画来发泄，青少年则可能会通过倾诉、书写、跑步或是听音乐来发泄。接受孩子这种强烈的情绪表达，不责备他们，我们就可以和孩子变得更加亲密，同时也会让自己更加懂得爱，懂得为自己的情绪和选择承担责任。

通常，愿意说出自己对兄弟姐妹的怨恨，让自己的情绪有所发泄的孩子不会真的有伤害他人的意图。真正有暴力倾向的孩子是那些长期受到压抑、不敢做真实自己的孩子。他们可能孤僻离群，也可能看上去很平和，甚至在学校还是优等生，他们过着大人给他们安排的生活，但内心感到沮丧、孤独，认为没有人关心、在乎他们，而这种孤独感和痛苦最终会导致他们的情绪一落千丈。

孩子之间正常的竞争和争吵不会引发绝望的情绪，也不会导致他们真正做出伤害他人的行为。如果你不能确定孩子对怨恨和暴力情绪的表达是否在健康范围以内，可以向外界寻求帮助。我在工作中遇到过很多情绪暴躁、好斗的孩子，可是，在我充分肯定他们的感受，帮助他们重新找回自信后，他们全都表现得非常好。

对于那些生活顺利的孩子，怨恨可以帮助他们表达自己的情绪，发泄完毕以后，他们仍然会继续快乐地生活。但是，如果这种情绪没能及时表达，孩子就可能出现好斗、骂人或骚扰别人的行为，适当地发泄可以避免这些现象的发生。下面是一个少年在表达出自己的怨恨情绪后，重新唤起对家人爱心的故事。

咨询一开始，十一岁的杰伊就表达了对九岁的妹妹的强烈怨恨。他讲述自己的暴力幻想，同时发誓，这些只是幻想，他不会对她怎样。事实上，他想要离家出走，因为他觉得自己无法与妹妹待在同一屋檐下。在几乎有半小时的时间里，他一直在咒骂和尖叫，并想象着妹妹消失后的情景，希望自己是家里唯一的孩子。最后，他哭了，他说出了内心的沮丧和惊慌——父母生下妹妹"毁了他的人生"。他认为，如果父母爱他，就不应该要妹妹。

接着，杰伊开始讲述妹妹让人难以忍受的各种行为，比如，什么时候都要争第一，宣称自己什么事情都可以做得更好，玩游戏时输不起，等等。

当他说完妹妹的一连串"恶习"后，我用一个问题把他拉回到对自己的感觉上。"你对妹妹有诸多的不满，但是又无法改变任何事，你有什么感觉呢？"

"生气、怨恨、愤怒。"他回答道。

"你究竟想要什么呢？"我问。

"没有什么，"他说，"或许，或许是没有妹妹的生活。当她在我身边想要博取大人的注意，觉得自己是一个公主时，我就会感到怨恨。"

"如果你没有这种想法，你觉得你的生活会怎样？"

杰伊用怀疑的眼光凝视着我。"没有对妹妹的这种想法？哦，那当然好得多，"他说，"我会感到自由快乐，她的生活和我毫不相关。"

"所以你喜欢那样？"

"当然，"他开始笑了，"我经常想象没有她的快乐生活。"

"那么你想要摆脱对妹妹的怨恨吗？"

"不，我要恨她。"他说，接着他被自己的话吓了一跳，"咦，真是奇怪，为什么我想要过得那么不开心呢？"

"因为你觉得那样对你有益。"

杰伊沉默了。

"你觉得怨恨和责怪妹妹对你有什么好处呢？"我问道。

"可以让我相信自己比她好，或许那样爸妈会更喜欢我。"

这时，杰伊注意到他一直在从自己的角度和感受来考虑问题，他开始想到妹妹，并表现得很伤心，因为他想象到了妹妹的感受：

第四章
安全感

"她肯定是因为得不到哥哥的爱护，觉得很孤独，才这么要强，这么想要表现自己。"此时，他对妹妹的关心就像他最初的愤怒那样强烈。在之后的时间里，他根本没有再想起自己之前的感受，而是开始计划将来的美好生活。

对于这种情况，没有什么一劳永逸的解决方法，我们必须认识到，人和人的关系在不断地循环。此刻，杰伊明白了妹妹的感受，但是随着时间的推移，他会再次对妹妹生气，再次表达自己的感受，再次变得开心快乐，接着又再生气，再怨恨。我们希望达到的效果是，当循环再次到达怨恨和生气阶段时，他能够向我们诉说，从而解决问题，作出正确的选择。在我们的引导下，他可以换个角度来考虑问题，而不是一味沉迷于自己幻想的悲情故事中。同时，通过这样的沟通，我们也能更加清楚地了解孩子在成长阶段的真正需要。

要得到期望的结果很容易，但是我们无法预料孩子是否在任何时候都愿意向你倾诉内心的怨恨。如果我们只在乎得到期望的结果，很可能会失去和孩子沟通的机会。比如，有时候，即便孩子已经向你倾诉了内心的感受，他仍然不想和兄弟姐妹或是朋友一起玩耍，父母可能因为急切地想要看到"结果"而对孩子说："好吧，既然你已经说出了自己的感受，那么原谅他，一起玩吧。"西尔维亚拒绝和表弟一起玩大富翁游戏就是这样一个例子。

八岁的西尔维亚正在生表弟提姆的气，因为提姆没有经过她的允许就拿走了她的脚踏车，当她想骑车时，才发现车不在了。妈妈听了西尔维亚的叙述后肯定了她的感受，很快，提姆把车还给了她。

爸爸把车放回原处，并且向她保证，以后没有她的允许，谁也不可以拿她的车。提姆也为此向她道了歉，并保证以后再也不会出现这样的情况。

接着，提姆邀请西尔维亚和他一起玩大富翁游戏，但是西尔维亚一口回绝，并对他吐吐舌头。"现在是时候和好了，"她的爸爸说，"我们已经和你谈过，而且他也向你道歉了，去吧，和弟弟一起玩。"但是，大人越是希望有一个圆满的结果，西尔维亚越是一动也不动——她还没有作好和好的准备。最后，父母也没有办法，只好耸耸肩离开。西尔维亚没有去玩大富翁游戏，而是满足地回到了自己的房间。五分钟以后，她走出来，邀请表弟到她的房间玩吊床。

孩子比大人更容易遗忘心中的怨恨，但是和大人一样，他们也希望能够自主地作出选择。孩子和我们的想法不一样，你要做的不是替他作决定，不是帮他们和好或让她忘记怨恨，而是聆听她的倾诉，让孩子自己作出判断和选择。

当孩子心中怀有怨恨时，他最大的恐惧是：他是一个坏孩子，如果你知道他内心的真实想法，就不会再喜欢他了。所以，要让孩子知道，他可以和你分享他的感受和怨恨，这并不会影响你对他的爱。当他知道你不会因为他的想法而讨厌他之后，他随时随地都敢于和你分享他的感受和想法，和你坦诚相对，这样他就不会再被怨恨的情绪冲昏头脑，而是学会认识和分析情绪产生的根源。最终，他可以更加了解自己真实的需要和感受，得到真正的平静和自由。

对父母的怨恨

孩子不单单会对兄弟姐妹产生怨恨的情绪，有时父母也会成为他的矛头所向。作为父母，我们不应该伤害孩子的感情和尊严。如果我们欺骗、控制或贬低孩子，他就会对我们产生怨恨。这个时候，我们只有倾听和肯定孩子的感受，并且勇于承认自己的错误，他才会对我们敞开心扉。即便我们的言行是出于善意，孩子的心灵仍然会受到伤害，肯定他的感受，正视自己的错误，才能最终消除怨恨。

当你在沟通中承认自己的错误时，孩子会获得安全感。比如，"妈妈没有买你喜欢的那种糖果，妈妈不好。""哎呀，我刚才那么大声吓坏你了吧？""你不喜欢那个阿姨？"

让他知道你在乎他的感受，无论他做过什么你依然爱他，这样他会觉得很安心。等孩子再成熟一些以后，你们之间的不同意见能够帮助你更好地了解他的性格和想法。

如果孩子怨恨我们，我们仍然应该肯定他的想法。即便我们觉得自己的观点很正确，也需要从对方的角度来看待问题，分析自己的想法，当然，最重要的是表达你对他的爱。以下是一个处理孩子怨恨情绪的实例。

五岁的莉拉总是爱说："我恨你，妈妈。"她的妈妈贝蒂听到这话既伤心又担忧。最初听到孩子这样说，贝蒂有些生气，她阻止莉拉继续说下去，但是孩子还是不断地这么说，于是她来找我咨询。

咨询结束后，有一次莉拉又说："我恨你。"

"哦，这种感觉肯定让你感到很痛苦，我很高兴分享你的感受。"贝蒂回答道，接着问，"你能告诉我原因吗？"

莉拉猛地抬头看着妈妈，说："你总是做我不喜欢吃的早餐，还有，我动作慢时你总是吼我。"

"那么，你早餐想吃没有鸡蛋的烤薄饼？"

"是的。"

"我早上催你快点走的时候，你想要给洋娃娃穿上衣服？"

"我只是希望你不要吼我，妈妈，那样我会很伤心。"

"我能理解你的感受，很高兴你能告诉我这些，其实妈妈也想随时随地保持温柔，但是你觉得我能时刻都那样吗？"

莉拉想了一会儿，接着说道："不，你不能，妈妈，那没什么，但是薄饼……"

"好吧，你有权力选择自己的早餐，我尽量满足你的要求。"

莉拉满意地点点头。

接着贝蒂说："恨我的感觉一定很痛苦。"

"不，妈妈，不是恨你，只是生气而已。"

由于贝蒂注意到了莉拉的情绪，并在适当的时候肯定了孩子的感受，所以她找到了解决问题的办法，在平和的环境中消除了孩子的怨恨。过了两天，莉拉说："妈妈，我爱你。当我说我恨你的时候，其实不是真的，我只是想让你知道我想要什么。"说完，母女两人都笑了。

"你知道吗？我也爱你。"贝蒂说。

"当然知道，即使我之前说了那样的话，你还是爱我。"莉拉说完紧紧地抱住贝蒂。

第四章
安全感

从这个实例中,我们可以看出,在莉拉没有得到妈妈的肯定以前,怨恨在不断地聚积,而一旦得到肯定,便立刻烟消云散,而且孩子心中的怨恨并没有像他们说出的话那样深重。

特里想要妈妈读书给他听,妈妈说:"我先把地上的棋子收拾好,再给你读。"
"不,妈妈,"特里嚷道,"我现在就要听。"
"我知道你想要我立刻给你读,我马上就收拾完了。"妈妈说。
特里跺跺脚说:"我恨你。"
"是的,我知道。"妈妈一边收拾棋子一边说。
读完书后,爸爸来叫他们吃午饭。
"我想要妈妈给我做三明治吃。"特里大声说。
"我以为你还在恨她呢。"爸爸说。
"那是刚才。"特里煞有介事地回答道。

如果孩子出现怨恨你的表现和征兆,鼓励他直接表达出来。记住,怨恨是其他情绪的外在表现。孩子是一个独立个体,尽管在生活上还依赖于你,但是他也有自己的情绪和感觉。你可以从他的表达中得到很多信息,不过,要明白的是,他的怨恨实际上并不是针对你。如果在交谈中你觉得他冒犯了你,不要太感情用事,不要忘记重点在于帮助孩子解决问题。当然,如果他对你表达他的爱意,你也要大方地作出回应,和他沟通感情,让他知道一时的怨恨不可能改变你们之间深厚的爱。当你和孩子的关系亲密无间时,孩子就有自信做真正的自己,而不是沉迷于自己假想的悲情故事中。

帮助孩子，不要吓唬孩子

有时候，我们突然爆发的情绪可能会吓坏孩子，如果孩子自身缺乏安全感，或者我们的情绪是因孩子而起，情况就更加明显。要记住，孩子的行为并不是针对你，他的这些行为不会影响你或者改变你的人生，这只是他们自我保护的方式。当他伤害某人时，他其实是想表达某种需要或是感受。如果无论你说了多少次，他都一直执著于某件事，说明他的内心缺乏安全感。

不管孩子说什么或是做什么，你都不应该批评或生气，当然更不能为此放弃你对孩子的爱。即便要他改掉伤害他人或伤害自己的行为，你的处理方法和语言也要充分地表现出你对他的爱和关心。当他感受到你的关爱后，他就会觉得你支持他，从而消除心中的警戒。例如，你对他大吼"不要再抢妹妹的玩具"，会让他感到害怕和受伤，但是，如果你换一种方式和语言，"我知道你想玩玩具，但是露丝现在正在玩"，这样说既表现了你对他的关心，又解决了问题。

如果你吓到孩子，他会觉得你不是站在他这一边，而是站在他的对立面，因此，他会怕你，并且处处与你对抗。所以，当你发现吓到孩子时，要立刻采取行动，肯定他的感受，了解他的需要，并尽量消除他的戒心，和他分享你的感受，共同商量出解决办法，而不是对他说教。

当达娜走进游戏室时，看见儿子肖恩正坐在窗沿上，她吓得尖叫了一声。他们家住在四楼，虽然现在窗户是关着的，但是她担心

第四章
安全感

儿子会养成习惯，即便窗户开着也坐在上面。

后来，达娜控制住自己的情绪，她搬来一只凳子，放在窗户旁边。

"你喜欢这样看街景，"她说，"但可以站在凳子上向外看，这样更安全。"她帮助儿子从窗沿上下来，并且亲了他一下，接着又说道，"肖恩，当妈妈看见你坐在窗沿上时，妈妈吓坏了。"

他看着她说："但是我不会掉下去的，妈妈。"

"我知道，可是我仍然觉得很害怕，以后我就把这只凳子放在这儿。你能不能答应我，如果你想看街景时就踩在这上面看，不爬到窗沿上去？"

"好吧，我在这儿也能看得很清楚。"

"谢谢你，肖恩。"达娜平静地说。

达娜以前已经告诉过儿子不要坐到窗沿上，她原本可以走过去，说："我告诉过你多少次……"但是她没有这么做，而是和儿子分享了自己的感受，并且没有指责他。她没有说"你把我吓坏了"，只是说"我吓坏了"，她甚至没有提到这样不安全，只是向儿子表达了自己的需要。当我们和孩子分享感受而不是指责孩子时，他们很容易就会答应我们的要求。如果你的孩子信任你，觉得你支持他，他会像同盟者一样答应你的要求。通过和你的沟通，他同样可以学会在今后的生活中信任其他人，和其他人进行良好的沟通。

自主与强大

孩子正在逐渐成长,他最了解自己的需要,他是了解自己需求的专家。

第五章
自主与强大

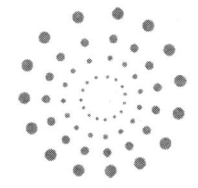

孩子经常会感到无助,因为他们十分弱小,并且在这个复杂、庞大而快速运转的社会中没有任何经历——成年人和动物庞大的身躯让他们产生恐惧。很多机器他们不能碰,很多地方他们不能单独去,很多高度他们无法触及,很多事情需要在他人的帮助下完成,还有很多突发事件和环境变化令他们惊慌失措。

孩子希望自己的需求能够得到满足。与成年人不同,儿童通常不会为了将来而放弃眼前的需求,并且希望周围的人都能非常认真地对待他们的要求。由于性情尚未成熟,当感觉无助或受他人控制时,孩子就可能变得愤怒、暴力或者沮丧。

尽管你不能消除孩子的无助感,但你可以在很大程度上给予他能够独立自主和拥有权力的机会。年纪小的孩子或者婴儿需要通过你改变周围的环境，他把你当做他的左膀右臂，来帮助他完成本身能力之外的事情。有时候这的确能帮他不少忙，不过更多时候这样做并不是很恰当。在保证他成长的自然环境和社会环境安全健康的前提下，你完全可以减少对他的限制和引导，这样他就能在你为他创造的安全的环境中作出选择，并且自主地控制自己的行为、饮食、作息时间和爱好。

孩子经常感到无助和受到成人的控制，尽管大人们多数时候是出于爱护之心。孩子在和爸爸妈妈玩耍时，当父母打断游戏去接听电话时，他们会感觉自己被忽略，会感觉这是一种伤害。此外，当成年人要求他们保持安静或者对他们提出其他要求，却又忽视他们的需要时，他们也会感到愤怒。比如，孩子们经常因为打扰成年人而挨骂，但成年人经常打扰孩子，甚至对孩子呼来唤去。在我们的生活中，控制孩子的日常生活琐事和随意帮孩子作决定的情况比比皆是。

生活中，我们所做的很多事情都让孩子感到非常无助。我们经常设计我们的生活，但从来不会给孩子提意见的机会，尽管我们的选择会对他们的生活带来影响。孩子并不一定喜欢和我们一起做事，除非我们像古代人那样，和孩子一起耕种、建房或是一起参加其他体力活动。不要以为孩子很喜欢看妈妈写字、读书，他看是因为他根本没有参与的机会；也不要以为你喜欢的孩子一定喜欢，一本书的内容也许很精彩，不过，对于蹒跚学步的小孩来说，他看到的仅仅是爸爸坐在那里翻书而已。

强迫孩子做某件事就是一个典型的例子。孩子们总是渴望能好

第五章
自主与强大

好地做完一件事，因为他在做事时总是被打断，然后被捆绑在车后座上，被带到非他所愿的目的地。孩子渴望被当做"成熟"完整的人来与成年人为伴。我们自己肯定不愿意被人这样强迫对待，同样也不会这样强迫对待我们的朋友。年纪小的孩子不会明白我们是在为他们着想，大一点儿的孩子可能会理解我们，不过仍然不会有兴趣参与进来。对于孩子们来说，我们强加给他们的大部分差事都是无聊而机械的，除了等待就是坐在车里。

小孩或许会喜欢购物，不过随着年龄增长，他可能只有在能够买到玩具或者糖果的地方才会觉得有趣，但这也可能会成为导致他更加沮丧的缘由。在这个领域里，人类经历了从野外收集食物到从旧式的小杂货铺中购买商品，再到今天在琳琅满目的超市中购物的阶段，而超市是最容易让幼小的儿童感到沮丧的地方。一些父母很喜欢让孩子体会自己的购物乐趣，但对大多数孩子来说，与父母一起购物其实是一件痛苦的事。

为了防止或者减少类似的情形发生，家长需要尽量在配偶或者朋友照看孩子时完成你的杂活或者差事。在孩子还小，需要母亲的细心照料时，丈夫可以多承担一些家务或外出跑腿儿的差事，单亲家庭则可以求助于朋友或者家人。这样，父亲或者母亲就不必因为要将孩子带在身边而放弃自己感兴趣的事情。另一种解决办法是根据孩子的兴趣来决定出行的路线：计划去公园、海滩或者去奶奶家，仅仅在路上作短暂的停留以购物，这样，大多数孩子在父母购买必需品时都可以保持冷静。

父母常常会感到纳闷，为什么如今的孩子总是长不大。古时候，孩子都是通过观察成年人的生活来积累经验。这样，在条件允许时，他们就可以很快地融入其中。这种情况通常发生在成年人过着简单生活的时代。当所有社会成员一起工作，比如在田间劳作、修建房屋、做饭和制造工具时，孩子们就能够兴致勃勃地参与其中，或者在旁边做自己感兴趣的事情。然而，现代生活不能提供这样的机会，也没有这么大的安全度和自由度。我们可以怀念过去，但痛哭流涕并不能改变现状，生活改变了，我们必须适应，并且要不断发现新的成长道路。

与孩子一起做事，例如洗碗、整理花园和做饭，仍然是我们一直保持的习惯。但是，当我们所做的是非体力劳动，并且我们的行为干扰了孩子从事自己感兴趣的活动时，他们就会感到无助和沮丧。满足一个人的需求不能以牺牲另一个人的需求为代价，至少不能无偿牺牲。另外，多数家里或庭院里的劳动都不是孩子们所喜欢的，他们需要的是能激发他们的兴趣并且能帮助他们成长的智力和技能。

另一种让孩子感到无助的情况是，一些父母在某些"标准"的作用下，期望孩子完成某件事情，并且要求他对某些原本不感兴趣的事产生兴趣。比如，经常有家长因为孩子在团体中或在公共场合内表现不好而打电话给我。我建议他们不要在孩子还不能很好地处理人际交往时就强行把他带到某处，或是让他参加一些他不喜欢的训练班，但父母们总认为这是孩子将来接触社会所必需的。然而，当一个孩子整个下午都在与其他孩子争执不休时，这种需要似乎完全没有得到满足，可见这样不仅不能与朋友们度过一段好时光，反而让朋友和家长都不开心，随之而来的也许就是孩子的自信受到严重打击。如果你不能与同伴和睦相处，你还愿意回到他们当中去吗？和成年人一样，孩子不能和朋友很好地交往，说明他可能不喜欢这个朋友，或者是他还需要时间。

很多孩子无法安安静静地坐在餐厅里，如果你的孩子有别的机会来释放能量，他也许能静静地坐一会儿，如果没有，那么餐厅肯定不是一个他喜欢的地方。倘若我们仅仅因为自己是大人，就把自己的意愿强加到孩子身上，他一定会感到无助，同时会产生抱怨。我们要多了解孩子的想法，多倾听孩子的声音，而不是把注意力放在关注专家怎么说或是请教自己的父母上面。孩子正在逐渐成长，他最了解自己的需要，他就是了解自己需求的专家。

对孩子有所期望也可能使孩子陷入无助的境地，即便这些期望表现得并不明显。比如，我们可能会以非常轻微的方式暗示孩子，希望他变得大方，希望他学会使用卫生间，希望他安静、有礼貌、善于与人交往。当孩子不能满足我们的期望或者虽有能力却不愿意做的时候，他们可能会感到无助或者不满。

侵犯孩子权利的另一种行为就是否定他的选择。如果你替他选好了他要学习的乐器、参加的体育运动，定好他的外出时间、玩耍时间和吃饭时间，选好他要穿的衣服，那么，你基本上就剥夺了他选择自己生活的权利。这样的经历会给孩子带来很大的伤害，他会感到无助，变得叛逆、易怒甚至产生心理疾病。

如果你不再让孩子遵循你制订的日程表，而是给孩子足够的自主权去选择自己的生活，那么，你需要做的就是保护他免受伤害。我们应该把家里改装改装，让孩子可以在家里自由玩耍而不至于受伤。同样，我们也可以净化孩子周围的物品，例如书籍、电视、食物和玩具这些他随时会触及的东西，还有他从小生活的环境，让一切更利于孩子成长。

孩子的自由建立在我们对他的保护上，但绝对不是控制。当孩子进行户外活动时，坐在一旁看他玩耍，而不是去干涉他，就像你看街上其他人一样。在自由地和其他孩子沟通时，他觉得自己既独立又强大，此时你完全没有必要去控制或干涉他。

怎样保护他的成长环境取决于你的生活方式和教养孩子的方法。每个家长都在一定程度上对孩子的成长环境有所控制。很多家长不让孩子接触枪支、药品、暴力性的新闻及电视，或许还有烟酒、咖啡，等等。家里尽量不要出现这些东西，并且要明令禁止孩子接触它们。

孩子有了自主自强的意识并不代表他就可以成功，可以所向披靡，真正的自由需要通过和家庭、社会的不断接触来获得。举个例子，如果你把孩子带到一间糖果屋里，却又禁止他吃糖果，他就会感到愤怒和无助；如果你不带他去糖果屋，而是在家里给他准备更加健康的食物，他可能就会感到满意。只要你在家庭生活的大方向上作出了正确的引导，孩子就可以在这个范围内享受充分的自由自主。随着年龄的增长，他接触到的事物越来越多，也会变得越来越有安全感，此时他的选择可能就不再受社会压力的影响，而是取决于自己的喜好和价值观。

如果你和孩子之间的关系是相互信任而不是控制，他可能会更听从你的建议和引导，因为他知道你是支持他的。当他渐渐融入团体和社会以后，你对他的信任和引导会自然地投射到各个方面。如果他认为你只是一心想控制他和否定他，并没有给他充分的信任，他根本不会接受你的任何建议，反之亦然。

在前面的章节中，我已经提到，有些家长提出，如果不能很好地控制孩子，就会被孩子利用。记住一点，只有当孩子生活在随时觉得自己的权利会被剥夺（或是被人控制、胁迫、命令）的恐惧中时，才会想到利用他人，否则他根本不会注意到其他人，只会把注意力放在自己身上。只有受到尊重的孩子才能健康成长，一个正在茁壮成长的孩子有很多事要做，有很多快乐要享受，根本没有时间去想什么坏点子。

对待孩子的侵犯

当孩子的无助感达到一定程度后，他会通过以侵犯他人的方式表达出来。不管我们如何努力，每个人都会有感到无助的时候，当情感可以找到平衡点或情绪可以完全被释放时，无助感对于我们来说是很自然的，甚至对我们的成长是有益的。但是，如果情感失衡或是得不到发泄，一次次的无助就会让人变得易怒、暴躁或是顺从、沮丧。因此，我们要做的不仅仅是让孩子自立自强，还需要教会孩子如何表达自己的无助，以及如何正确安全地使用自己的力量。

孩子表达无助最常见方式就是否定和侵犯他人，如果父母对他这种表达方式表示支持，孩子会感到高兴，并且重新找回自信。一位父亲曾向我咨询，他三岁的儿子每天都会把厨房弄得到处都是垃圾，咨询过后，他不再去阻止孩子的行为。

自从搬了新家，三岁的克里斯就开始出现不安的症状。他的脾气变得异常暴躁，为了一点小事就大哭大闹，一走进厨房便开始翻垃圾桶里的废纸和罐头，并把这些东西扔得到处都是。看见满地垃圾，爸爸立刻大声地说："哦，不！"这句话似乎让克里斯感到很满足，觉得自己很强大——"啊哈，我达到目的了。"

爸爸把废纸和罐头捡回垃圾桶，但克里斯一遍一遍地重复着他的行为。每一次看到满地垃圾时，爸爸都会更大声地说："哦，不！"克里斯依旧会感到很高兴。

接下来，爸爸说："我把这些东西捡回去，请你不要再扔了。"游戏最终以爸爸的"放弃"而告终，而厨房里仍然充斥着各种垃圾。

克里斯的这个游戏持续了两个月。每次爸爸都会大叫一阵，然后把东西收回到垃圾桶里，但是随着一阵笑声，这些东西又会在厨房里飞舞。爸爸坚信，孩子需要从这个游戏中获得肯定，感受自己的力量。直到有一天，克里斯停止了这种行为，并且再也没有重犯，烦躁易怒的情绪也好了很多。他似乎开始喜欢这所新房子了。

很多家长都通过类似的方式来帮助孩子增强自信，因为他们尊重孩子，希望参与到孩子的游戏中去。例如，当爸爸试着要抢孩子的睡衣时，孩子会一溜烟儿地跑掉，爸爸穷追不舍。虽然这个游戏对家长而言很长也很累，但是孩子会从中得到很大的满足，觉得自己很强大。

让孩子感觉到自己很强大，这点很重要。如果由你来结束游戏或由你来控制游戏的方向，孩子会感觉十分无助。在这种情况下，孩子不会从游戏中得到任何快乐和满足，这种干涉只会让孩子感到难受。此时，要尽量帮助孩子平息心中的不满，而不是强行主导，直到孩子要求停止。其实，真正有意思的游戏是让游戏中的每个人都感到快乐和满足。

第五章
自主与强大

就克里斯这个故事而言，结局是我们可以意料到的。对于父母来说，分析孩子的行为、注意孩子忽然出现的变化非常重要。在你处理很多情感问题时，效果往往并非立竿见影，而是需要一段时间才能慢慢显现出来。同样，往往在事情过了几个月之后，父母才会发现孩子不再出现之前那种反常的行为了。事实上，我们有可能根本不知道孩子的心理变化是怎样的，但是我们要做到随时注意孩子的情绪变化，要相信孩子从有益的游戏中可以得到收获，获得内心需要的满足感和安全感。以下的事例就介绍了另一个孩子感受自身力量的有趣方法。

一天晚上，柯尔克把衬衫挂在门把上，走进浴室洗澡。当他出来的时候，发现衬衫不见了，他三岁的女儿梅勒妮正站在门边，笑容中透露出一丝得意。"噢，不，我的衬衫哪儿去了？"柯尔克装作吃惊地问道，梅勒妮随即"咯咯"地开怀大笑。

随之而来的是习惯性的睡前嬉闹。每天晚上，柯尔克都会故意把衬衫挂在同一个门把上，并且告诉梅勒妮："我的衬衫在门把上，不要把它藏起来哦……"接着，梅勒妮会把爸爸的衬衫藏起来，兴奋地等着他发现自己丢了东西。这个游戏一直持续了几个月，梅勒妮玩够了，因为她感受自己力量的这种需要在这段时间内得到了满足。

你用不着担心你的孩子会把这种游戏当做允许自己捣乱或胡闹的通行证，相反，孩子们非常清楚玩耍和现实的区别。支持他们玩这样的游戏可以让他们找到释放压力的安全途径，从而预防他们用有害的方法释放能量。

如果你总是想要控制孩子，那么你可能会经历一段非常无助的阶段，而在玩游戏的过程中，你可能会发现自己的伤口会逐渐愈合。尽管是否控制孩子最终由你决定，但有时候你会有不由自主的冲动。情感是用来与孩子交流的，而不是让它屈服于你的一时冲动。对于孩子来说，你的权力应该来自你本身，而不是你的脸色。

如上所述，权力游戏具有多面性。作为父母，我们需要随时警惕，并且要全心投入。要求孩子停止眼前的活动并非难事，但是在多数情况下，当我们喊"停"时，孩子也许才刚开始发挥创造性——他也许正把豆腐搅成糨糊状，也许正在说脏话，也许正把我们刚收拾好的玩具扔得遍地都是。这些游戏需要父母的配合，尽管你脑子里想说"不行"，但你的嘴里必须说"好"。不要责怪孩子不听话，相反，你需要把自己当做这出戏中的一个角色（事实上也是），并且接受他的创造。如果大人对孩子的玩耍无动于衷，那么就会被冠以"太严肃"或是"食古不化"的称号。孩子通常认为，能接受他们的游戏和创造力的父母，才是理解他们的好家长。

如果我们学着让自己的反应不那么严肃，我们的孩子也会跟着这么做。我们不应当立即否定孩子，相反，只要孩子是安全的，我们完全可以参与其中。这么做会让生活更加平和、更加多姿多彩。与其跟孩子争强斗狠，倒不如选择乐在其中。下面是一个关于感受自身力量的游戏的例子，其中，孩子的行为可以被制止，也可以被接受，而恰恰是后者让他感受到了他的力量的强大。

亚历克斯大约五岁时，他们家住在郊外一栋没有锁的房子里，

自主与强大

进入房子的那扇玻璃门只能用门闩从里面扣上。

一天,当全家人提着几大袋食物走上阶梯时,亚历克斯跑到父母和姐姐前面,冲进屋子,然后插上了门。他漂亮的大眼睛里闪烁着兴奋的光芒,在玻璃门后期盼着什么。

"噢,不!"爸爸和妈妈几乎同时叫了起来,"我们怎么办?"他们把食物放在门前的地板上,然后开始苦苦哀求:"噢,求求你,让我们进来吧,噢,求你了,求求你,食物会坏掉的。"姐姐也兴奋地加入父母的行列,开始表演起来。

亚历克斯高兴地哈哈大笑,他知道父母会开心地陪他玩。大约一分钟以后,他们把哀求的内容扩展到了"我们睡在哪儿呢?肯定会冷的。噢,不,我们该怎么办?"他们开始选择睡觉的地方,装作因为所选的地点不舒服而感到沮丧。

他们又开始了新一轮的哀求。几分钟后,亚历克斯打开门,脸上带着胜利的微笑。父母和姐姐一边走进家门,一边对亚历克斯让他们进屋的善举表示感激。

这样的游戏只发生了几次,之后亚历克斯再也没有把任何人锁在门外。其实,他需要的只是满足感。

叫声"噢,不!"很有戏剧效果,在轻松的氛围下,它表示你愿意参与这个游戏。当豆腐变成四处飞溅的豆腐渣,你可以喊:"噢,不!太乱了!"当孩子不停地敲打盘子,你可以捂住耳朵,说:"噢,不!太吵了!"当你第四次从地上拾起玩具但儿子马上又把它丢掉时,你可以喊:"噢,不!我该怎么办?"然后沮丧地瘫倒在地上。在不存在安全问题的情况下,你只需要用戏剧性的"噢,不!"来代替"快停下来！"然后欣然接受这个游戏中的角色，直到你的孩子不想玩为止。尽管从表面上看来，这样做既无聊又浪费时间，但与同孩子争斗相比，这样做实际上要省事儿得多。当然，更长远的好处是你会爱上那些与孩子嬉戏的美好时光。其实，孩子也给我们上了很重要的一课，就是时间只存在于现在，所以需要好好享受它。

在玩权力游戏时，父母应该避免自己表现得很有创造力的情形发生，不要喧宾夺主，"窃取"孩子的表演，要接受孩子的指导，并在他的引导下按部就班地行动。如果你接管了领导的任务，进而对他的要求进行修改，也就意味着你从他手里抢夺了权力。收起你的才华，选择另外的时机开展由你指挥的游戏，甚至在由你发起的游戏中，也应该让孩子逐渐掌握领导权，这会让孩子的领导才能得到最充分的发挥。

在和孩子一起玩权力游戏时，父母要注意的一个方面是：不要变成游戏的主导，不要抢了孩子的风头。接受孩子们的游戏规则，根据他们的指引来完成游戏。如果你代替了孩子的领导地位，改变了他们制订的游戏规则，你就剥夺了孩子手中的自主权。收回你的宝贵意见，下次再来做你的新游戏。同时，你也要顺着孩子的方向来帮助孩子充分地表达自己的感受。扮演他给你指派的角色，并且用心表演：全力去喘气、尖叫，表现出危急和无助，把他想要的画面表演出来。

如前所述，有些家长担心孩子会因此利用他们或不尊重他们，然而，尊重孩子，按照孩子的指引去做的结果是孩子会更加尊重你。其实，表面上顺从的孩子内心并不是尊重家长，而是害怕家长，甚至会轻视家长。但是，由于他在内心里仍然爱着父母，所以会为自已的想法感到羞愧和困惑。他会学着控制其他人，认为其他人要么在他之下，要么在他之上，而不是平等的关系。顺从并不是尊重的表现，而是害怕和无助的诠释。另一方面，如果你和孩子和睦相处，孩子也会和其他人和睦相处，并且学会注意别人的需求。孩子期望我们对他们的需求有所回应。在他的成长过程中，这种需求不断重复，最终他将学会回应我们的需求。就如同学习乐器或跳舞一样，我们不可能期望短短几节课就可以造就一个艺术家。

画画或是其他的艺术形式可以帮助孩子表达无助的感受：

我依然记得八岁的乔治娅前来咨询时的情景。她一直在画她的邻居，一个她讨厌并且害怕的人，她给她的漫画起名为《瓦伦蒂娜糟糕的一天》。漫画总共有差不多七页，讲述了一个又一个灾难，最后的结局是邻居家被大火烧光了。乔治娅不仅将故事画出来，还给我详细讲述了故事的整个过程，并且不时发出笑声。

我建议乔治娅常常讲"瓦伦蒂娜糟糕的一天"给她的哥哥和父母听，只要她愿意。

一个星期以后，乔治娅对她的画感到厌烦了。让她的妈妈吃惊的是，有一天她还跑到瓦伦蒂娜的院子里，帮瓦伦蒂娜做事。

回到家后，她对妈妈说："妈妈，我帮助瓦伦蒂娜种了很多花，她人很好，你知道吗？"乔治娅不单单在瓦伦蒂娜面前变得轻松自在，和其他人的相处也变得很和睦。

画画治疗法在这个故事中的作用表现得十分明显，虽然它不见得适用于所有的案例。有时，孩子讨厌某个邻居，但实际上他的这种讨厌是对自己不自信的一种表现，或者是害怕某个家庭成员的表现。一味地把注意力放在邻居身上或许对他们的关系改善不会带来什么影响，但是当他通过某种方式表达了自己的感受后，你可能就会观察到他在其他方面的积极变化和自信的增强。孩子可以通过画画、写诗、唱歌等各种艺术形式来建立自己的自信心，支持他这种表达方式，最终你会得到意想不到的效果。

出门在外时避免麻烦

帮助孩子强大起来的另一个好处是，可以预防出门在外或接触其他人时产生麻烦。记得有一次，我看见一个家庭在用餐中途离开了饭店，原因是他们家的孩子在饭店里尖叫狂笑，并且疯狂地往地上扔餐桌上的餐具和其他物品，孩子选择了最坏的时机表达自己想要玩耍和感受自己力量的需要。

那些在家里就能掌控自己、感觉自己很强大的孩子通常在公众场合都很容易适应，并且喜欢参加社会活动。要让孩子可以在家里尽情地表达自己，而不是在公众场合不恰当地表现他的强大从而使你感到尴尬，此外，你还必须尊重孩子自我管理和自我约束的方式。在听音乐会、去饭店或是长途旅行前，最好和孩子先玩一个权力游戏。饭店对有些孩子来说是个好地方，但是对另一些孩子却不尽然，特别是在去饭店的途中，如果他想要发泄而受到了阻止，情况就会变得更糟糕。玩权力游戏时，某些孩子十分兴奋，而那些提出要求却没有得到满足的孩子则会感到失望和无助。尊重每一个孩子的要求并作适度的倾斜，可以减轻孩子的无助感，避免出现争吵的结果。

第五章
自主与强大

孩子自我感觉是强大还是弱小，同样影响着他和其他孩子之间的沟通和关系。感觉自己弱小的孩子会成为一个犹豫不决的跟随者，他不敢在其他孩子面前表达出自己对权力的渴望，总是被其他孩子控制或者是骚扰。在家中给他提供实施控制权力的机会，会帮助他真诚地和小伙伴们快乐相处。

除了权力游戏以外，让孩子自主和自治同样会使他们感到自己很强大。偶尔为家里的事情出力时，他也会有这样的感觉，但前提是没有任何人强迫他。当孩子提供帮助以后，要向他表达你的感谢，但是不要对他有其他要求。还有，在限制他们的同时，提供给他们一个可以喧哗、可以放肆的环境，这样孩子就会感到满足，也有利于他的健康发展。当我们听取孩子的想法，尊重他们的选择，而不是绞尽脑汁地去想如何帮他们作决定才正确时，孩子便会健康快乐地成长。

不剥夺孩子的权利并不意味着允许孩子做任何他想做的事。和成年人一样，孩子也生活在一个有自身约束和社会界限的世界里，我们在孩子面前要树立必要的威信，这样孩子才能感觉生活在真实的社会里，而不是生活在一个任何要求都可以得到满足的虚幻世界中。适当的挫折对孩子的健康成长是有好处的，你要做的只是聆听他的感受，并加以肯定。

孩子不会懂得什么是重力，但是他必须接受重力在他身上的作用。在学习走路的过程中，他不但会不断地跌倒，还必须不断地爬起来继续尝试。同样，孩子不会考虑到他人的需求，不会照顾他人的感受，他的成长经历是在别人对他的精心照顾和关怀中，而不是在他对别人的关心和注意中形成的。随着孩子的成长，我们应该尽量让孩子知道更多的社会规则，以便他今后能够更好地融入社会。你不能对一个婴儿说："我现在太累了，不能照顾你了。"然后任由他大哭，但是数年之后，你可以对孩子说："你这么不耐烦是因为你想要吃冰激凌吗？晚饭后我们和客人一起吃。"

溺爱孩子的家长一心想着怎样才能"让孩子开心"，却不想办法让孩子自主自强，只是盲目地满足他的所有要求，却不向他教授社会法则和应有的自我保护意识。

游戏

对孩子来说，游戏既可能是快乐的源泉，也可能会加剧孩子的无助感。大多数时候，孩子都很喜欢和一大群人喧闹、做游戏，从中获得快乐，证明自己的能力。在他们玩耍时，如果你留意的话，不时会听到孩子的尖叫声和狂笑声，对此，你通常不必理会。但如果你有些担心的话，可以悄悄去观察一下情况，不要被他们发现。如果你对他们的游戏有所疑虑，也可以直接提出来，通常孩子会对你说："妈妈，没事儿，我们只是在做游戏，我们很高兴。"你可以告诉容易受伤的孩子，如果他感觉不好的话，可以立刻跟你讲。如果你已经和孩子建立起了相互信任的关系，那么你应该有信心，相信孩子一旦有需要就会马上来找你。

但是，如果担心孩子的安全，那么，你完全可以凭直觉的指引前去察看。对于情感脆弱的孩子，这样做可能会让他感觉更有安全感。尽管如此，孩子之间还是会有相互伤害的情况。我记得在一次咨询中，一位成年人讲述了他小时候被自己的哥哥恐吓、虐待和骚

第五章
自主与强大

扰的情形，但他不明白为什么父母一直都没有察觉这件事。

一位母亲曾经打电话向我倾诉她心中的担忧，因为她的孩子被一位新认识的朋友锁在衣橱里，而当时家长们在其他房间，完全不知情。由于是在陌生人的家里，孩子太害怕以至于没有说出自己的恐惧，但是他信任自己的妈妈，所以事后把这件事告诉了妈妈。

一个真正自强的孩子不容易出现威吓和伤害其他人的行为，而那些对自己没有信心或是感到无助的孩子则可能会做出这种行为，特别是那些缺乏安全感、不敢表达自己的孩子。有时，我们会很惊奇地发现，自己乖巧善良的孩子竟然会通过暴力来要挟自己的兄弟姐妹或是朋友。

一天，九岁的杰里米突然无缘无故地把弟弟按倒在地板上，不许他动。其实，他经常都这么做，虽然弟弟对此很不喜欢。他的妈妈玛莎看到这一幕感到很惊讶，杰里米平时是个很温顺的孩子，她搞不懂孩子为什么要这样，因为她和丈夫从来不对他使用暴力。这以后，她便每天和孩子坐在一起交谈，想要了解他的真实动机。

"你在胁迫弟弟的时候，是不是感到自己很强大？"在一次交谈中，玛莎这样问儿子。

"我不知道，"杰里米回答道，"我不能控制自己。"

"我知道，但是你当时是什么感觉呢，觉得很满足？"玛莎接着问。

杰里米变得很安静，似乎有些迷茫。当他抬起双眼时，脸上露出胜利的微笑："我知道了。"他告诉妈妈，他在夏令营的时候曾被一个比他大的孩子欺负，从那天起，他就开始欺负弟弟。杰里米的自我分析帮助他找到了问题的根源，他开始为自己对弟弟的行为感到羞愧。在回想夏令营的情况时，杰里米看上去仍然心有余悸。

"我当时吓坏了，妈妈，"他说，"我觉得自己太软弱了，我觉得很丢脸。"

"那个欺负你的孩子个子比你大吗？"玛莎的声音更加温柔。

"是的，我在他面前显得很瘦小。"

玛莎继续倾听，并不断点头。

和妈妈谈完自己的感受，并得到妈妈的肯定以后，杰里米再也没有欺负过自己的弟弟。

当你发现孩子有欺负比自己小的孩子的行为时，要试着和他沟通，了解他是不是在家或是其他地方受到了惊吓和欺负。受人控制或欺负可能导致孩子想要通过欺负其他孩子来证明自己的强大，找回自尊。为了预防这种不健康的行为，要时刻注意孩子的变化，无论对他在家里还是在外面的生活都要表示出关心，了解他和家庭成员或者朋友之间的关系，认真地倾听，问一些启示性的问题，帮助他表达出自己的情绪。比如，"你有时希望能够穿妹妹的衣服？""你想要按照自己的方式和她一起玩？""当她威胁你的时候，你是不是感到很害怕？"遇到孩子欺负其他人的情况时，提供给他一些建议，对于幼小的孩子，和他一起玩权力游戏，对于稍大一些的孩子，提供给他说出内心感受的机会。

成年人在生活中也会有遇到困难的时候，更何况孩子，不要期望你的孩子能够事事顺利。尽量避免孩子们之间的恶意竞争，注意每一个孩子喜欢的食物和专注的活动。伤害其他人的孩子一般都容易感到绝望，并且渴望得到尊重，你应该随时注意这一点。你可以给他读书，或是和他一起玩权力游戏、一起散步，还可以加入到他们的游戏中去。

相信孩子并不意味着忽略他们。我们只要不偏向某一个，也不剥夺他们的自主权，就可以在他们需要的时候给予关心和帮助。当一些成年人告诉我自己小时候被兄弟姐妹辱骂、欺负、贬低时，他们都表示非常希望父母能够注意并且给予干预。孩子有时会对其他人造成很严重的伤害，如果我们关心他们的生活，随时注意他们的情感需要，就不会发生这种情况。

我们没有必要对孩子进行情感测试或强迫他们在一起玩耍。你肯定不希望在被朋友欺负时，你的配偶待在另一个房间全然不知，同样，孩子也需要保护，而我们则是他们的保护伞，他们只能指望我们。如果我们什么也不做，他们就会以为自己受到如此的待遇是理所当然的。我们要预防孩子受到伤害，要时刻注意孩子的心理需要，了解他喜欢的活动。和他们玩耍并不是负担，无论对你还是对他，都会是一段很美好的时光。

挠痒痒

挠痒痒最初是从成年人中兴起的。其实，很多人并不喜欢被人挠痒。一般情况下，我们也不会对其他成年人挠痒，那么，为什么我们会认为孩子喜欢呢？实际上，孩子通常讨厌被人挠痒，除非他们在挠痒痒游戏中拥有自己的权力，也就是说，他们可以选择要不要被挠痒、用什么方式挠痒，以及什么时候结束。如果一个成年人对孩子挠痒时，孩子沉默不语，那就说明这个孩子不喜欢。对于不喜欢的孩子来说，这无疑是一种痛苦和折磨。不受控制的狂笑并不是自由情绪的表达，事实上如果孩子还能喘过气来，你会在笑声中听到这样的尖叫："停！""不要！"或是"够了！"有时挠痒痒会让孩子感到无助，因为他说不出一句话。但正如前面提到的，无助会让孩子感到沮丧，甚至出现暴力倾向或是其他消极反应。挠痒痒除了会让孩子感觉痛苦以外，还会让他从中学会侵犯他人和在他人的侵犯下屈服。

虽然大部分孩子可以自己作出选择，明确表示他们不喜欢被人挠痒痒，但是有一些孩子可能会喜欢挠痒痒游戏，前提是他在游戏中比较强势。我亲眼看见过这样的情况，一个三岁的孩子叫他妈妈挠他的夹肢窝，他抬起手臂，妈妈温柔地用手指挠了一下，他一退后，妈妈就立刻停止，他哈哈笑了一会儿，又叫妈妈挠他。这个孩子之所以喜欢这个游戏，是因为他是游戏的主宰者，妈妈只是他的帮手。当然这只是很个别的现象，大多数孩子都会感到无助，所以我们最好避免这种行为。

还有一种情况，有一个孩子告诉我他喜欢挠痒痒游戏，他和他的两个弟弟一起在床上，相互推挤，相互挠痒，努力把另一个推下床去。在这种游戏中，大家势均力敌，都对游戏有掌控权，任何一个人可以去挠痒别人，也会被别人挠痒。

摔跤

大人和孩子摔跤并不是要教孩子使用暴力，当然前提是双方都没有暴力倾向。如果家长偶尔扮演一下弱者的角色，孩子就会觉得自己很有力量，这其实是一个帮助孩子恢复自信的游戏。但如果家长在这个过程中表现得十分强势，把孩子摔倒在地，或者在没有得到孩子允许时就把孩子举起来、挠痒他、挟制他，孩子就会倍感无助，他甚至会模仿大人的行为，去欺负比自己小的孩子，或是出现其他一些心理疾病。

生活本身就会给孩子带来形形色色的挫折和失望，家长没有必要再给他们额外增加压力，你要做的是让孩子自信自强起来，同时也要让孩子从你身上学会如何善待比自己弱小的人。

顺从的孩子

并不是所有的孩子都会通过权力游戏或是欺负他人来表达自己的无助。有一些孩子很顺从，他们希望得到父母的认可，并害怕惹父母生气，这种孩子通常比较无能，表现在生活中就是沮丧失落、学习能力差、容易生病，或是出现身体、情绪和行为等方面的障碍。多提供机会给顺从的孩子，让他感觉自己是强大而自信的，这一点非常重要。比如，如果他相信自己参加权力游戏并不会遭到你的反对，就会放心地加入其中。

时刻想着要取悦他人的孩子通常比较缺乏安全感，并且害怕表现出自己的脆弱。家长需要给这样的孩子提供一个信息：即使他不顺从，爸爸妈妈还是会一如既往地爱他。就算他选择讨你欢心，也不应该是因为害怕失去你的爱，而是因为他自己想要这么做。要让顺从的孩子获得自信，就必须让他认识到自己的价值和能力，让他知道他可以做自己，而不是做你想要他成为的那个人。

十岁的米兰达有一个习惯，就是在她想说"不"时会自然地说出"好"。在和家长进行交谈后，我发现他们经常称赞她很乖，并且对她提出很高的期望，这让她十分缺乏安全感，她的怯弱让她不敢坚持自我。从那以后，他们开始关心女儿，并且经常鼓励她坚持自我、自信自强。他们讲自己怯弱的故事给米兰达听，让她不再感到孤单，同时，他们开始留意她偶尔表现出的违心的顺从。

有一天，他们从商店购物回来，手里提着几大包食物，爸爸叫米兰达过来帮忙把东西提进去，她叹了口气说："哦，好吧。"

爸爸觉得这是个好机会，于是说："你刚才在犹豫，你确定自己想要帮忙吗？"

"没关系，你需要我帮忙。"

"如果你现在有什么其他事情要做的话，我们也可以自己提进去。"

"是的，我正在房间玩。"米兰达胆怯地看着爸爸。

爸爸笑着说："好的，去玩吧。"话音刚落，她就跑回房间了。

顺从的孩子最明显的特点就是不知道怎么说"不"，所以最好不要叫你的孩子去做他不喜欢的事情。如果你真的很需要他的帮助，那么，让他知道你需要他做什么，或是问他是否愿意帮助你。但是，如果他说"不"的话，你也要接受这个答案。如果你注意到他的应允并非出自真心，那么你应该告诉孩子，他可以说出自己的真实感受，让他放心地对你说出实话，做真正的自己。他可能帮不上你什么忙，但是一旦他选择帮忙，必须是他自己的选择，是他真心真意地想要提供帮助。接受他的选择可以帮助他建立自信，不要让孩子感到无助或是产生怨恨，让他用积极的态度面对自己的选择。如果你担心他会因为不喜欢做某些事情而失去学习的机会，那么，你就要记住：只要是他自己作出的选择，任何事情都会变得有意思，反之亦然。小时候被大人强迫做自己不喜欢做的家务，可能就是今天很多成年人讨厌做家务的原因。

为了帮助孩子感受自己的力量和能力，我们应该随时注意孩子的行为，无论是表现在外的无助（生气、暴力）还是隐藏在内的顺从（淡漠、异常听话）。当孩子坚持自我或反对你的意见时，很大一部分原因是为了引起你的注意。坚持自我的孩子希望你与他沟通、交谈，需要你的肯定和关爱，以便帮助他建立自信，勇于表达和坚持自我。

你还应该分析，孩子为什么认为顺从可以得到赞赏，坚持自己就会招来指责，你到底给了他什么样的信息。如果是因为你的原因，也不要太责怪自己，你已经尽力了，你还在不断摸索；如果你曾经错误地使用表扬、奖励、威胁或是反对的方式向他传递了错误的信息，那么，要让他知道，你已经认识到了自己的错误，你会停止这些行为。让孩子知道，他的自信和自强对你而言很重要，不管他做什么，是否顺从你的意愿，你对他的爱永远不会改变。

培养自立精神

当孩子拥有一定的个人成长经历之后，他就会感到自己比较强大。如果我们把他从"失败"的经历中拯救出来，实际上是剥夺了他自强的权利。让孩子自己去处理自己的事情，这样他才能描绘自己的一片天空。在他最终获得成功以前，可能要经过一次又一次的努力，但在这个过程中，他会建立自信心，开始信任自己的力量。真正让孩子成长的不是持续的成功，而是一次又一次跌倒再爬起来的经历。

对于很多家长而言，看着孩子经受挫折或是独自承受失败是无法忍受的，但是此时干预其中的确很不明智。很多家长认为，拉孩子一把，让孩子最终获得成功，可以帮助孩子建立自信，其实不然。自信是由自己建立的而不是由他人给予的，在孩子没有提出要求的情况下贸然给予帮忙，只会让孩子觉得自己很无能，并且妨碍孩子的独立成长。

孩子作出了负责任的选择后，需要不断练习、不断实践，这并不意味着你只能眼睁睁地看着孩子的梦想破灭，看着孩子受伤。如果孩子向我们提出疑问，我们必须给出负责任的回答，但是这不代表要代替孩子完成他的工作。当他从你那里获得信息，知道怎么进行下去以后，他便要自己作出决定，然后不断尝试，无论成功还是失败，都属于他自己，家长没有权利指责或是批评。

在孩子还是婴儿时，你就要时刻提醒自己：除非他提出要求，否则不要随便帮助他。比如，如果孩子再搭一块积木上去，可能积木房子就会倒塌；如果孩子要坚持一个很古怪的计划，可能他和朋友的友谊就会结束；如果不是你的坚持，孩子肯定不会去参加什么自然科学会展。当遇到这些情况时，除非你的孩子邀请你帮助他，否则不要帮他扶住积木房子，不要帮他维持那段友谊，更不要帮他

第五章
自主与强大

完成自然科学作品。此外,只满足孩子提出的要求,避免画蛇添足,不要建一个新的积木房子给他,告诉他如何修复那段破裂的友谊,或者干脆代替他来完成自然科学作品。你可以和孩子分享你的感受,但是只分享他问到的,不要说更多,有时仅仅是一个问题——"你是不是需要什么帮助?"——也会被孩子视为冒犯。如果你知道孩子会毫不犹豫地拒绝你的帮助,那么最好只是和他分享一下你的见解。

虽然成年人经验丰富,但是年轻人有权利走自己的路,我们的经验并不是他们获得成功的快捷途径。当然,如果孩子向我们取经,我们没有必要隐瞒,但是,是否采纳的决定权始终握在孩子手里。如果他的选择最终导致了失败和挫折,你的鼓励便是他最大的支柱,正如玛丽帮助两岁的瑞思一样。

玛丽至今记得瑞思在跑步时摔倒后脸上的表情,当时她并没有立刻去扶他,也没有说一句话。瑞思抬头看着她,她平静地笑而不语,接着他也笑了,然后爬起来,继续跑。

一年以后,瑞思从脚踏车上摔下来,玛丽透过窗户看到了这一幕,脚踏车横在他身上,他号啕大哭。玛丽冲下楼跑到玻璃门时又停了下来,她躲在里面看他是否需要她的帮助。过了一会儿,他擦干眼泪,爬起来扶起脚踏车,骑走了。

孩子在我们没有在场的情况下,可以自由地抒发自己的情感。同样,一开始就帮他预计结果,也会阻碍他的自主和独立。所谓的善意警告,比如"小心,你可能会摔倒",或者"那样很危险"、"这样肯定成功不了",又或者"我想你不会喜欢",这些话会让孩子放弃尝试和相信自己的机会。你可以提供给孩子实际的信息，比如"冰上很滑"、"这个既烫又重"，或者"我不确定他们是否允许在饭店光脚"，只要孩子的行为没有危险，就让他自己作出选择。

孩子一般都会选择最难的那条路来挑战自己，以获得更多的成就感。让孩子知道，不管外界环境如何，只要他努力，就有能力掌握自己的生活。孩子就是在自己的经历和尝试中不断自立、不断成长。

先知（The Prophet）（节选）

你们的孩子，都不是你们的孩子，
乃是"生命"为自己所渴望的儿女。
他们是凭借你们而来，却不是从你们而来，
他们虽和你们同在，却不属于你们。

你们可以给他们以爱，却不可给他们以思想，
因为他们有自己的思想。
你们可以荫庇他们的身体，却不能荫庇他们的灵魂，
因为他们的灵魂，是住在"明日"的宅中，
那是你们在梦中也不能想见的。
你们可以努力去模仿他们，却不能使他们来像你们，
因为生命是不倒行的，也不与"昨日"一同停留。
你们是弓，你们的孩子是从弦上发出的生命的箭矢，
那射者在无穷之中看定了目标，也用神力将你们引满，
使他的箭矢迅疾而遥远地射了出去。

第五章
自主与强大

让你们在射者手中的"弯曲"成为喜乐罢;
因为他爱那飞出的箭,也爱那静止的弓。

卡里尔·纪伯伦

第六章
自信

你是孩子的一面镜子,让他从中看到他的价值。

第六章
自信

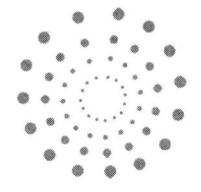

有时候，无论我们如何努力地满足孩子的需要，孩子仍然对我们的爱以及自身的价值缺乏安全感。为了理解其中的缘由，你或许应该回放自己感到胆怯的时刻，比如，当你不敢跟某人讲话时，当你不能顺应自己的意愿做某事时，或者当某人的语气、用词使你对自己产生怀疑时，你的脑海里会产生什么想法？当你受人评论或成为焦点时，你的心里又会传出什么样的声音？"我做不到"、"我真蠢"、"我看上去一定很荒唐"、"她不会喜欢我"或"我不够优秀"以及其他一些常见的想法会破坏你的自信。这些想法很可能来自你幼年时从父母对待你的态度中得出的结论，也可能是多年前父母或兄弟姐妹的话在你心里留下的印象，这些沉淀已久的话语会自动跃人你的脑海，导致你怀疑自己的能力和价值。

举个例子，如果你的父亲总是指责你的缺点，那么你可能会得出"我不够优秀"的结论；如果你的母亲说"我不能相信你做了这样的事"，你可能会理解成"我总是做错事"，当你的心里冒出这些话时，自然会在情感上引起连锁反应。

还有一些想法也能够显示出一个人缺乏自信，这主要表现为出于保护自己的目的而指责他人，"他一定是出了什么问题"、"他真是个怪人"，或者"她怎么什么事情都做不好？"这些言语可以使自己的注意力集中在别人的"错误"上，从而减少自己的挫败感。

你从父母的言语、脸部表情和对待你的态度中建立起对自己的印象，如果他们为你而自豪，你会感受到自己的价值；如果他们相信你的能力和决定，你会感受到自己的力量。然而，如果他们批评你、控制你，你可能会怀疑自己是否值得被爱、被关心。

孩子对自我价值的认识主要取决于你与他的关系。如果你的头脑中一直回荡着自我怀疑的声音，那么无论你多么努力，这些伤害你的想法都会被孩子感受到，从而引发他产生相同的感受。

建立自信要从子宫中开始。需要孩子，并时刻让他感受到你的需要，这是建立自信的基础。婴儿似乎把你的爱和关心视作理所当然，所以，当你稍不留意他时，他就会感到沮丧和生气。为了保持这样的自信，一定要及时满足他的需要。因为否定他的需要会导致他怀疑自己的价值，敏锐而愉悦的回应则会维护他的自信心。当他对哺乳、移动、休息、睡觉或玩耍的需要都得到家长欢快而关爱的回应时，他会满足地进入下一个步骤。当他看到你的眼睛里闪烁着激动的火花，开心地为他服务时，他会得出结论："我有价值。"

第六章
自信

随着孩子认识世界能力的迅速增强，幼儿需要从你身上获得更多的信心，以支持自己的各种大胆尝试。这时，孩子的信心源自你对他的信心，而不是在每件事情上都取得成功。陪伴他、分享他的快乐和悲伤，使他能够非常自在地享受生命中的种种体验。当他能够坦然地面对成功和失败时，他将不会害怕坚持自己的观点，不会害怕尝试新鲜的事物。不要使用表扬或其他方法来操纵孩子，应该带着求知欲和愉快的心情接受他的选择。然而，请记住，谁也不能保证永远的自信，即使在孩子年幼时，我们满足了他的所有生理需求和情感需求，他仍然可能会周期性地表现出缺乏安全感的迹象，这需要我们时刻留意。

自信的积木

即便没有遭到责骂，孩子也可能会丧失自信，一些更加隐蔽的引起孩子自卑感的方式常常会逃过我们的眼睛。以下列出的一般性指导原则，可以帮助你关注孩子的自信心和自尊感。

★只有在孩子要求的时候才提供帮助，并且只提供他所要求的帮助。不请自来的帮助可能会使孩子觉得自己无能，因为他从你那里接到了一条无声的信息："我认为你无法独自完成，你需要我的帮助，否则你做不到。"

★给孩子充分的自由，让他独自尝试，即使你知道他无法做到。（只要能够保证他的安全就好，如果不能，提供其他选择方案）让他有失败和犯错误的机会，他会从这些亲身经历中得知，他足够坚强，能够面对困难，能够依赖自己的力量。成功的人通常不是那些从不摔跟头的人，而是摔了跟头后能够站起来继续前进的人。他们不害怕摔跟头，能坦然面对挫折，并激发出继续前进的动力。

★支持孩子的选择，不期待某种特定的结果。不带感情色彩地接受现实，用尊重和关心的态度回应孩子的情感表达。你可以肯定他的沮丧、欢乐或失望，但是应该把你对他的行为的看法埋在心里，至少不能影响他自己的信念——"我的观点与你不同，不过我喜欢看着你走自己的路。"

★善于表达感激，同时避免纠正或批评孩子的行为。比如，你的孩子扫完地后你重新扫一遍，他可能以后不会再帮你，并认为自己无能甚至蠢笨。如果他修剪了草坪，爸爸却因为不够平整而表示不满。或者，如果在他没有提出要求时，父母指出他的拼写错误或阅读错误，孩子的自尊心毫无疑问会受到损害。当孩子主动提供帮助时，他应该听到的是感激而不是评判。新学会一项技能的人需要得到信任和肯定，而不是批评，只要他信赖自己，得到所需要的学习工具（训练课、书、设备、回馈，等等），他的能力自然会逐渐提高。

★避免简单地表扬孩子。应该肯定他所表达的感受、分享他的喜悦，但因为某种行为和某种成就而表扬孩子（"你肯帮忙真好，强尼！"或"你在童子军比赛中得了第一名，真让我感到自豪！"）会让他们为了得到赞美而做事，而不是出于自己的意愿。孩子可能会为了得到你的赞扬而做任何事，并愈来愈依赖外部的肯定，相信只有取得成就才能获得认可。讽刺的是，这样一来，表扬和奖赏会降低孩子的自信，与批评产生的效果一样。①

自信

★为了孩子放弃你的计划，珍视他的真实品质。对孩子表达出你的期望，比如"向朱蒂阿姨问好"，会让孩子感到自己缺乏能力，特别是当他强迫自己顺从你的意愿时，会更加损伤他的自信心，即便你要求的是孩子必须做到的事。如果你说："你一定会成为一个了不起的运动员。"孩子可能会害怕达不到你的期望，并因此而放弃，或者会竭尽全力地成为运动员，以便让你高兴。但这样一来，他会迷失自己的真正动机，甚至失去激情。因此，最好避免给出建议或提出期望。你对孩子本身或者对孩子观点的欣赏会给孩子带来信心，能够最有效地保持孩子希望争取成功的自然动机。（这与老师和学生之间的关系不同，老师激励学生在某一领域达到更高的标准，而学生自愿选择了这个领域和这位老师）

★尽可能避免否定孩子的表达和选择。过于频繁地说"不"或者提出相反的看法，会打击孩子的自信心，因为他会得出结论："我的选择是错误的，看来我不能信任自己。"即使他无法达到目标，他的选择仍然应该得到肯定，值得你认真考虑。

★避免将你的孩子跟其他人作比较。无论孩子处于被比较的哪一方，都会产生竞争和害怕失败的心理。

★在孩子有所准备并且感兴趣的基础上，让他承担一定的责任。如果你为他包办一切，决定他该穿哪一件衣服，建议他该怎么做，提醒他应该完成什么工作和义务（在他没有要求时），那么你会破坏他的责任感，使他失去自主性。让孩子为自己的选择和行动负责，这会帮助他培养自信。

★倾听并肯定孩子的情感表达。当他知道自己的感受和表达方式受到尊重时，自然会增加自信。

★尊重孩子的知识和智慧。如果他提出一个问题，不要长篇大论地给他讲课，也不要故意考他，因为这样会使孩子感到烦闷、羞惭，从而降低提问的积极性。如果能避免采用教育和测试的方式，孩子更愿意与你分享他的知识和兴趣。

★平等地对待孩子，接受孩子的真实品质。平等并不意味着完全相同，他缺乏生活经验，你应该尊重他的弱点，并愉快地接受。他是生活中的后来者，但他和任何人一样应该受到尊重和重视。和你一样，你的孩子一直在努力。

★婴儿吐奶不应该招致批评，而应该得到援助。当你的孩子犯错误时，要么保持中立，要么施以援手。运用 S. A. L. V. E. 原则中的 S，将你的想法和现实情况分离，这样你就可以集中注意力，应对眼前的需要（你可以稍后再审视自己的思想）。如果孩子感到不安，倾听、肯定他的感受，用你的爱和欣赏使他安心。如果他做了一些在你看来很傻或很笨的事，把批评的话压在心里（这些话是帮助你发掘自身问题的好素材），或者观察他的反应。他也许对自己很满意，也许感到难堪、生气、困惑，如果他表达出自我怀疑的看法，你可以讲讲你曾经做过的傻事给他听，让他知道，这样的事可能发生在每个人身上，是生活的一部分。

★不要在孩子身上吝惜时间。如果孩子太小，忍受不了长时间的等待，那么，你应该中断手头的事情陪着他。如果他已经长大，能够稍等一等，当他要求你陪伴时，你恰好没有时间，那么，你应该让他知道你什么时候能够做完事情，加入他的活动。一定要准时回到他身边，认真而专心地陪他。如果你总是告诉孩子"我没有时间和你做这件事"或"我以后再陪你玩"，孩子会认为自己不受重视。

第六章 自信

★当你和孩子在一起时，顺应他的引领，带着尊重的态度走入他的世界。如果他提出要求，你也可以适当地给予指导。一定要让他知道，你和他在一起多么快乐。

★当孩子要求你提供帮助时，尽量迅速而愉快地作出回应。如果他总是在你的脸上看到不耐烦的表情，或者听到你恼怒的声音，他可能会把自己看做是你的累赘。

以上建议适用于各个年龄段的各种关系。对于你与朋友、同事的关系，你可能并不需要这些提醒，因为你正是用上述态度对待他们的。然而，在我们的文化里，很多给予成年人的尊重似乎无法应用到孩子身上。如果你忘记了上面的一些建议，那么你可以问问自己："如果面对的是一位受我尊重的成年人，我会作出什么样的回应？"

诸如"他什么时候才能学会？"或"他会利用我"之类的担忧来自我们过去的经历，并且会给我们的将来投下阴影，它们是促进我们完善自身的良好素材（运用 S.A.L.V.E. 原则中的 S 审视这些思想），与孩子没有关系。关注孩子，你会知道如何尊重真实的他，如何珍视与他在一起的时光。倾听他的感受，不要被过去的经历、朋友和亲人的压力所左右，你的快乐会帮助孩子建立自信。

什么是自信

有时候，人们会将自信与性格外向混淆。事实上，性格并不外向的孩子也可能对自己充满信心，正确区分我们对孩子感受的解读和孩子对自己的真实看法至关重要。喜欢独处、拒绝与大人沟通的内向型孩子并不一定缺乏安全感，相反，他可能是在用行动坚持自己的主张，他不需要通过违背自己的意愿来取悦大人。同样，有些孩子不喜欢加入大团体，只喜欢与一两个亲密的朋友相处，当他拒绝参加某个集体活动时，正是自信的表现，他坚持了心里的真实想法，不屈服于任何人对他的期待。

我还记得我的一个孩子在四岁半时参加一项集体活动时的情景。其他孩子与父母一起做游戏，他坐在一旁默默观察。我在他身边，决定一直陪他坐下去，或者等他提出要求时带他回家。

活动的组织者觉得应该让我的儿子也加入游戏中，她几次走过来，试图劝说他参与。他望着她的眼睛，摇摇头表示拒绝。这个孩子向来很清楚自己想要什么，从不妥协一步。

有些孩子会用清晰、外向的方式表现自信，比如喜欢当领导者或渴望登台表演，然而，并不是每一个外向的孩子都拥有自信。有时候，乐于表现的性格可能隐藏着深刻的不安全感。实际上，即使非常炫耀、招摇的表现，也可能是在掩饰缺乏安全感的内心，或者是在竭力满足他人的期望。因此，不要简单地从某些外在特征中推断孩子是否具有自信，而应该问问自己，他是否表现出了真实的自我。如果他喜欢待在聚光灯下或成为领导核心，喜欢用洪亮的声音说笑，喜欢参加娱乐活动，那么，当他这么做时，确实表现出了真实的自我。然而，如果他的行为只是为了满足你的期望，那么，鞭策他的动力不是自信而是安全感的缺失，他需要在自己的激情与渴

第六章
自信

望的鼓励下做自己喜欢的事。

十岁的艾丽斯是一个缺乏安全感的孩子,她喜欢大声说笑,总是冲在队伍的最前列。

每一次表演组举行活动时,艾丽斯总喜欢大喊:"我先来!"然后跳到队伍的前列。当受到注意时,她总是很开心,可是如果没有受到注意,她会十分生气。

一次,上完表演课回家后,艾丽斯显得很暴躁,而且对妹妹安德丽亚相当不友好。对此,她的母亲感到不解:"贝基说你今天在表演课上过得非常开心,但你回家来好像很不高兴。"

"我过得不开心,她一直没有点我的名,我讨厌她。"艾丽斯说。

妈妈没有说话,过了一会儿,她和安德丽亚坐在钢琴边,艾丽斯从她们身边经过,愤愤地说:"哈,小天才安德丽亚,别做坏事。"

在这个例子中,艾丽斯表面看来自信而活跃,内心却极度缺乏安全感。在家里,她表现出了强烈的嫉妒和愤怒,为了打消对自己的怀疑,她无论在什么地方都千方百计地寻求别人的认可。

在下面的一些例子里,相对安静、害羞的孩子却表现得相当自信:

在我的长子乔纳坦六岁时,他选择参加了一个暑期美术培训班。一次,我在下课时赶去接他,却发现他不在教室里。让我吃惊的是,老师告诉我,乔纳坦在上课时捣乱,她把他送到了楼上的秘书办公室。

我赶忙朝楼上走去，这时听到了儿子一边下楼一边说话的声音，他在开心地和秘书交谈。当乔纳坦看到我时，他说："我过得很开心，妈妈，我和蒂娜在办公室里玩。"

"你为什么会去办公室？"我问。

"在我画画的时候，老师干扰我，她想让我停下来听一个故事。她说听完故事后我要画另一幅画，可是我想接着画第一幅画，于是她就让我去办公室。我不想再来上美术培训班了，我可以在家里不受干扰地画画。"

自信源于受重视、受珍爱的感觉。有时候，成年人会把孩子的自信表现看做举止粗鲁，因而错过了赏识孩子的坚定、果敢品质的机会。如果我们认识到，孩子能够坚持自己的意愿是一种勇气，我们会站在他的身边，培养这种自信。下面又是一个关于乔纳坦的例子，它再一次证明了自信源于自我重视。

八岁的乔纳坦正不亦乐乎地在屋外玩水管，他的父亲担心浪费水，于是在屋内对他喊："请把水关上，蓄水池一会儿就空了。"

乔纳坦没有听到父亲的话，继续开心地玩。父亲生气了，他走到窗边，大声喊："马上把水关掉！"

受到惊吓的乔纳坦立即关上水龙头，跑进屋里。当他再次面对父亲时，眼睛里盈满了泪水，脸涨得通红。

"如果我对你喊：'马上把汽车门关上！'你会怎么想？"他问。

"我会感到很受伤。"爸爸这样回答，然后向他道歉。两人澄清了误会，并共同探讨了一些方法，防止类似情况再次发生。

乔纳坦的表现说明他拥有自信和安全感。可是，有些人可能会对孩子这样跟父亲说话感到吃惊，但是这样的开诚布公来自内心的安全感。乔纳坦的话反映出了他的想法"你怎么能这样对我？我应该得到善待，就像你一样。"拥有安全感的孩子能够自由地表达内心的感受，并且对自己的价值深信不疑。

乔纳坦的自由表达和父亲的尊重相结合，自然治愈了他的不满和怨愤。如果爸爸对他说教，或者限制他的自我表达，那么乔纳坦可能会更加气愤，把两人的对话上升为激烈的冲突。这样一来，他的怨愤会进一步加深，在下一次遇到相似的情形时，他或许会说谎或压抑自己的感受。通过对儿子的尊重和交换角色的思考，父亲给自己和儿子提供了一个疗伤和谅解的机会。

只有当孩子在与父母的日常相处中不感到害怕时，这样的家庭互动才有可能产生。在没有恐惧的亲子关系里，孩子知道，无论他有什么样的感受和想法，都会受到认真地对待，自己值得父母付出时间、关爱和尊重。如今，乔纳坦已经成长为一名青年，他能够倾听别人的愤怒，肯定他们的感受，并且完全保持理智和冷静。

我们常常存在一种矛盾的心态，担心自信的孩子会出什么问题。我们希望他拥有安全感和果断的品质，可是当他真的做到时，我们又会变得紧张，想要削弱他的锋芒。如果你的孩子在面对成年人的强势地位时，能够坚持自己的主张，那么你应该感到高兴，即使那个成年人就是你自己。

自信与兄弟姐妹/小伙伴

对年幼的孩子来说，弟弟妹妹的出生是一种极为难过的经历，会动摇他的自信心和对自己价值的肯定。一位前来咨询的母亲告诉我，她至今仍然清楚地记得，妹妹的出生是她一生中最伤痛的时刻。那时，四岁的她以为自己的生活走到了悲惨的末日，她"失败了"，被另一个更好的孩子所取代。在我怀第二个孩子的时候，我的长子乔纳坦曾经问我："为什么你们想再要一个乔纳坦？"

当孩子面对新降临的小生命时，父母的所有准备工作似乎都化为泡影，他会希望回到原来的生活中，恢复独子或幼子的地位。为了更好地理解孩子面对新诞生的弟弟妹妹时的心情，设身处地体会他的感受，我们可以作一个假设：想象一下你的爱人兴奋地把另一个伴侣（妻子或丈夫）带回家，他/她有一个符合逻辑的解释，你们两个在一起很开心，你让生活十分精彩，为什么不再找一个伴侣，带来更多的幸福呢？②

抛开最初的震惊，尽可能以这个假设为前提，想象一下日常生活的情形。看着你的爱人与另一个伴侣快乐地相处，自己还要分享他们的喜悦，成为那个人的亲密朋友。想象新来的伴侣坐在你们的餐桌旁，躺在你们的床上，与你们一起度假，想象他/她走路、做饭、拥抱、表达情感、分享你的生活，我可以肯定（很少有例外），你会觉得非常不高兴。如果你再深入地设想各种细节，还会觉得恶心，甚至难以承受。你会感到无助，觉得除了摆脱掉这个"入侵者"，没有其他的解决办法。孩子对于新生的弟弟妹妹往往就抱有这样的想法和想象。

很多孩子在弟弟妹妹还是婴儿时，表现出关爱的一面，一旦弟弟妹妹能够和他一样四处走动，他会感受到迟来的震惊，表现出各种不安的迹象。他们认识到，弟弟妹妹不只是一个婴儿，不只是他们的"玩具",还是另一个活生生的人。现在,他们不得不和"对手"分享玩具、父母的关爱,还有冰激凌。

面对新降生的弟弟妹妹,不同的孩子会作出截然不同的反应,而且与孩子的年龄直接相关。多数年龄稍长的七岁以上的孩子表现得相当友善,然而,如果孩子年龄稍小,仍然需要受到与婴儿相似的关爱,可能一时间难以接受这个新来者。年幼的孩子会害怕自己不再受重视,被弟弟妹妹取而代之,而年长的孩子则渴望照顾新诞生的婴儿。

在核心家庭里,父母是唯一的家长,当又一个孩子降临时,必然会转移家长的一部分关注,这常常会造成紧张的形势。随着新生儿的诞生,竞争意识和自我怀疑也进入了家庭。谁更优秀,谁能赢得更多的爱和关注,成了孩子衡量自身价值的标准。兄弟姐妹间的竞争并不是应该避免的不良情形,只是应该得到父母的认识和关注,以便利用这个机会促进孩子的成长,防止孩子丧失信心,走上消沉妒忌的歧途。鼓励孩子面对新生婴儿的关键方法是,认识孩子的感受,快乐地陪伴孩子,与孩子进行沟通。

有些家长相信,他们可以防止孩子之间出现紧张态势。如果有爷爷奶奶或其他人的帮助,在某种程度上确实可能做到,然而,在多数家庭里,这个过程无法避免。家长们常常在大一些的孩子已经表现出不悦的迹象,或者失去自信时,才采取行动,因为这些症状似乎是突然之间出现的。经常有家长对我说:"我们家不存在这类问题,我们的孩子彼此相爱。"然而,往往在某一天,一个孩子突然开始伤害另一个孩子,这时惊讶的父母又会给我打电话寻求指引。

当孩子对兄弟姐妹或对你产生敌对情绪时,当他开始抱怨、发怒、惹事时，或者当他表现出其他可能与兄弟姐妹有关的症状时，他已经感到绝望了。他担心你不再爱他，担心在你眼里失去价值，如果你试图制止他表达不悦，他会认为自己不够好，不值得你爱。"妈妈不让我伤害妹妹，她保护妹妹，一定是因为妹妹好，我不好。"如果他这样想，他对妹妹的怨恨又会迈进一大步。你愈是试图教他善待妹妹、爱妹妹，他就愈是觉得孤独、痛苦，离你的初衷也愈发遥远。他可能希望扭转命运，可能想象着如何摆脱妹妹，如此一来，他又会感到愧疚，从而构成一个痛苦的恶性循环，随着想象的进一步恶化和愤怒的升级，他的行为会变得越来越糟糕。

为了帮助孩子度过这个富有挑战性的阶段，你应该避免责备他，要尽可能肯定他的感受。我的二儿子列侬经过了一个困难的时期才接受了他的弟弟，下面是他的故事。

五岁的列侬一直关心爱护一岁的弟弟。突然有一天，他开始从弟弟手里抢夺玩具，当看到弟弟奥利弗大哭时，他的脸上露出满意的表情。起初，我们劝说列侬要友好地对待弟弟，试着让他理解奥利弗不喜欢这样，可是列侬不但没有收敛，反而变本加厉。这时，我意识到，列侬需要的不仅仅是温和的提醒。

当这种事再次发生时，我没有制止列侬的行为，而是给他一个拥抱，对他说："你是不是希望只有我和你在一起，没有奥利弗，就像以前一样？"

列侬露出不自在的神情，没有说话，他以为我会教训他，批评他的"坏"想法。

"我也怀念和你单独在一起的时光。"我说。

第六章
自信

"不，你才不会。"列侬咕哝了一句。

"那么，当你看到我一直抱着弟弟时，你感到孤单吗？"

列侬点点头。

"所以你告诉自己，妈妈不关心你？"

我把他拥在怀里，说："我非常怀念只有我们在一起的日子，我一直都爱你，当我抱着奥利弗时，我同样爱你。"

列侬低下头。我觉察到，他感到愧疚，觉得自己不值得我爱，因为他可能正在想象着用一些暴力的方法对待弟弟。

"你想把弟弟扔进垃圾桶吗？"我问。

列侬猛地抬起头，说："是的。"然后，我们假装抱起婴儿，扔进垃圾桶。

"你愿意给我表演一下，你还想对奥利弗做些什么吗？这儿有一个布娃娃。"（奥利弗在另一个房间里，爸爸和乔纳坦陪着他，所以他看不到列侬的表演）

等列侬把他的想象表演出来后，我说："我明白你的感受，有这些想法是正常的。下一次再出现这种感受时，你来找我，表演你想对奥利弗做些什么给我看。我愿意了解你的想法和你的想象，你可以用布娃娃表现给我看。"

列侬再次招惹弟弟时，我又给他一个布娃娃，让他表演想对奥利弗做的事（在另一个房间里），我们一直重复到满意为止。三天之后，列侬控制住招惹弟弟的冲动，主动来找我，他说："妈妈，让我表演给你看我想对奥利弗做的事。"

他和我来到另一个房间，表演给我看，他想通过这种方法防止自己真的伤害奥利弗。这种情形持续了一段时间，两周后，他要我和他一起玩布娃娃的游戏。这一次，他没有表演伤害奥利弗的动作，而是设法逗弟弟发笑，同时他自己也很开心，他对弟弟的敌意就此结束了。

通过肯定列侬的情感，与他一起做布娃娃的游戏，我成功地防止了列侬建立错误的思想和不良的情绪。我让他知道，无论我的怀里抱着谁，我一样爱他，我怀念和他单独相处的时光，我对他的爱只会越来越深厚。我用自己的态度和信心让他知道，我相信他能够凭借内心的力量战胜那些让他痛苦的想法。在我们开诚布公地讨论时，他沮丧地问我，有没有什么办法可以治疗想伤害弟弟的冲动。列侬并非真的想伤害奥利弗，他只是急欲找回内心的平静和自我价值——而他确实做到了。

除了肯定和接受孩子的情感，让每个孩子拥有单独与父母相处的时间也是非常重要的。核心家庭让家长成为供不应求的珍稀商品，如果每个孩子的需要都能得到满足，他们之间的竞争意识和紧张形势自然会得到缓解。

然而，就算你像杂技演员一样身手不凡，能够成功地满足孩子各种各样的需要，但是只要稍有松懈，就会状况频生，从而不得不一次次地赶去灭火。兄弟姐妹间的紧张态势如同潮水般起起落落，它反射出孩子的自信和家庭的动态关系，因此，充分享受平静的时刻，并时刻警惕孩子的消极表现，以便赶在压力给他的自信带来持久损害前满足他的需求。

当孩子们渐渐长大时，他们之间的紧张关系会成为生活的一部分，争斗与和平的阶段交互出现。在多数情况下，自信心反复受到

第六章
自信

兄弟姐妹、朋友或亲戚打击的孩子需要父母满怀爱心的陪伴，从而使他重建自信，这可能需要把大一点儿的孩子（如果足够大的话）送到爷爷奶奶家待一天。让孩子们拥有各自独立的卧室，或者让孩子与你或其他玩伴做游戏，使他从中认识到自己的价值。尽可能地为每个孩子提供发挥创造性的机会，这样他就不必同兄弟姐妹竞争或分享，对每一个孩子采取各不相同的沟通方式，不要让他们觉得只有作为一个整体时，才能得到你的爱。

建立自信的唯一障碍是孩子认为自己不值得被爱的想法——他会寻找证据来证明自己的失败和不受重视。若拆除了证据的支柱，他的整个理论自然就会倒塌。如果你告诉他不要伤害妹妹，他会将之视为证据，证明他很坏，你不爱他（你保护妹妹不受坏孩子的欺负）。你可以在他想要伤害妹妹的时候给他一个拥抱，肯定他的需求，为他的暴力想象提供一个发泄口，以此来释放他的情绪，否定他的理论。当你与他对抗时，你会把痛苦加在他身上，而当你拉起他的手时，他会跟着你走入爱的世界。

兄弟姐妹间的互相贬损

随着孩子的渐渐长大，他们可能会通过贬损兄弟姐妹的方式来抬高自己的价值。这种含有敌意的互动或许并没有恶意，但遇到较真儿的孩子时，则可能伤害他的感情。不安全感和自卑感会促使孩子通过贬损他人来满足自己，作为"侵犯"的接受方，有的孩子会受到伤害，而自信的孩子却不以为然，你可以通过观察和询问来了解孩子的感受。

遭到贬损时，自信的孩子不为所动，而缺乏安全感的孩子则会流露出敌意，或者用语言行动表达自己受伤的情感。一位父亲告诉我，他问九岁的儿子对于姐姐喊他"小鬼"有什么感受，儿子回答："没什么。"他的行为也证实了他确实对这个词不介意。因此，很多父母认为伤人的话语在孩子之间并不会产生负面作用，不需要加以干涉。然而，有的孩子却会被贬低的话语所伤害，这说明他对这些话信以为真。

如果你判断孩子受到了伤害，应该鼓励他认识真实的自己，这样别人的话语就失去了威力。倾听他的感受时，要避免说"他让你觉得……"之类的话语，这会暗示别人的话控制了他的情绪。在他倾诉完毕后，用肯定的态度鼓励他感受真实的自己："不考虑哥哥的观点，你是不是认为自己很好？"这会指引他认识到，他的优点不会被任何人的话语所影响。一旦孩子看到了自己的内在价值，就不会再轻易地被别人伤害，他会认识到，真实的自己不会因为别人的语言而改变。

在满足受伤害孩子的需要时，一定要认识到另一个孩子贬损别人的原因。他为什么要贬低妹妹？是不是因为他怀疑自己，所以想证明自己比别人更好？他是不是怀疑你的爱？他能把现实和引起痛苦的思想区分开吗？

孩子的自我怀疑一定是不正确的，因为每个孩子都值得被爱、被珍视。寻找可能被忽视的愿望，满足孩子对隐私、关注、爱的需要以及其他需要，使他不必通过打击兄弟姐妹来发泄自己的情绪。

如果你发现自己偏袒某个孩子，应该立即停止这种行为，审视自己的想法（S. A. L. V. E. 原则中的 S），然后把注意力（A）转移到每个孩子身上，倾听（L）并肯定（V）每个孩子的感受，不赞扬也不批评任何一个，让每个孩子充分表达自己的情感。肯定一个孩子与肯定另一个孩子之间并不冲突，不要为他们解决争端，只要肯定他们的感受，认识他们的意愿和观点即可。避免插手具体的问题能够鼓励（E）孩子们相信自己的能力，促使他们想出有效的解决方案。

在你判断哪一个孩子受到伤害时，你可能会发现，"冒犯者"常常有更强烈的情感需求，亚伦就是这样的一个孩子。

七岁的约瑟夫哭着从游戏室走出来："妈妈，亚伦骂我是猴子，还推倒了我搭的积木。"

丽贝卡抱着约瑟夫说："你是猴子吗？"

"不是。妈妈，他推倒了我搭的积木。"

"你愿意重新搭好吗？"

这时候，十二岁的亚伦从游戏室走出来，说："哦，他又像个小孩似的向妈妈告状了，是不是？"语调里饱含嘲讽。

丽贝卡认识到亚伦的话语里隐含着情绪，她走到他身边，抚摸着他，并看着他的双眼问："你想和我待一会儿吗？"

亚伦靠着妈妈在沙发上坐下。这时候，原先的"受害者"约瑟夫离开了房间，回去继续玩了，看来他得到了安抚，而哥哥的苦恼似乎更深。

"弟弟的坏处是什么？"丽贝卡问亚伦。亚伦猛地抬起头，开始向她倾诉。丽贝卡专注地听着，觉察到了亚伦的挫败感。得到她的肯定后，亚伦流着泪讲了一些小事，解释了自己为什么因为生命中多了一个弟弟而感到沮丧。原来，是亚伦对自己价值的怀疑驱使他做出了招惹弟弟的举动。

第二天，在电话咨询时，亚伦对我说："我讨厌弟弟。"

"你希望他离开吗？"我问。

"是的。"他说。

"讲给我听，如果没有他，家里会是什么样子。"我说。

亚伦沉默了，过了一会儿，他说："不，我不想让他离开，我不能承受这样的想法。"

"那么，你确实希望弟弟和你一起生活？"

"我想是的，我不能想象没有他的生活，我爱他，只是他太烦人了。"

"怎么烦人？说详细点儿吧。"

"哦，我不知道，他其实挺好的。"

"你没事吧，亚伦？"

"我没事，我希望妈妈多陪陪我，还有爸爸，他们在约瑟夫身上花的时间太多了。"

"他们没有在你身上花时间吗？"

"哦，不，只是……哦，我不想让他们在我身上花更多时间了，他年纪还小，我长大了，我要多和朋友们在一起。"

"这么说来，你的弟弟其实挺好，你的爸爸妈妈很爱你，在你身上花的时间也足够多，还有什么问题吗？"

亚伦笑了："都是我自己想出来的，我的想象力还真让人吃惊。"

我们的目标不是培养一个永远不遭受打击的孩子，因为这是不可能完成的任务，这样的人不存在。不让孩子经历真实的生活只会令他变得软弱。为了面对现实，孩子需要培养坚韧和智慧，我们的目标是与孩子构建一种充满关爱、没有恐惧的亲子关系，让孩子能够充分表达自己的所有感受，对自己的价值充满信心。拥有自信的孩子能够为自己创造有意义的生活，并对他人产生积极的影响。

在日常生活中，为了鼓励孩子重视自己的价值，应该支持孩子认识真实的自我，赞成他的选择和方向，真诚地表达你的爱和欣赏。这就意味着，抛开期望，欣喜地接受孩子的真实品质。

注释

①参见阿尔多特的文章，"Mothering" #71 1994；"Life Learning" magazine Nov/Dec 02，Jan/Feb 03，Mar/Apr 03。

②这些见解最早由 Faber（费伯）和 Mazlish（马兹里西）在 *Siblings Without Rivalry: How to Help Your Children Live Together So You Can Live Too* 中阐述。HarperResource，1998。

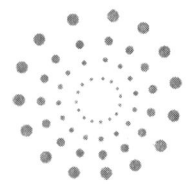

参考资料

书籍：

Blanton, B. *Radical Parenting.* Sparrow Hawk Publications, 2002.

Breeding, J. *The Wildest Colts Make the Best Horses.* Bright Books, 1996.

Breeding, J. *True Nature and Great Misunderstandings: On How We Care for Our Children According to Our Understanding.* Eakin Press, 2004.

Briggs, D. *Your Child's Self-Esteem.* Mainstreet Books, 1975.

Byron, Katie *Loving What Is: Four Questions That Can Change Your Life.* Harmony Books, 2002.

Byron, Katie *I Need Your Love: Is That True? How to Stop Seeking Love, Approval and Appreciation and Start Finding Them Instead.* Harmony Books, 2005.

Greenberg, D. *Free at Last: The Sudbury Valley School.* Sudbury Valley Press, 1995.

Greenberg, D. *Child Rearing.* Sudbury Valley Press, 1987.

Holt, J. *How Children Learn.* Perseus Publishing, Revised edition, 1995.

Holt, J. *How Children Fail.* Perseus Publishing, Revised edition, 1995.

Holt, J. *Instead of Education: Ways to Help People Do Things Better.* Sentient Publications, 2004.

Holt, J. *Learning All the Time.* Addison Wesley Publishing Company, Reprint edition, 1990.

Holt, J. *Never Too Late: My Musical Life Story.* Addison Wesley Publishing Company, Reprint edition, 1991.

Hunt, J. *The Natural Child: Parenting from the Heart.* New Society Publishers, 2001.

参考资料

Juul, J. *Your Competent Child: Toward New Basic Values for the Family.* Farrar Straus Giroux, 1st American edition, 2001.
Kohn, A. *Unconditional Parenting: Moving from Rewards and Punishments to Love and Reason.* Atria, 2005.
Kohn, A. *Punished By Rewards: The Trouble with Gold Stars, Incentive Plans, A's, Praise and Other Bribes.* Mariner Books, 1999.
Kohn, A. *No Contest: The Case Against Competition.* Houghton Mifflin Company, 1987.
Leo, Pam *Connection Parenting.* Wyatt-MacKenzie Publishing, 2005
O'Mara, P. *Natural Family Living: The Mothering Magazine Guide to Parenting.* Atria, 2000.
Neill, A.S. *Summerhill: A Radical Approach to Child Rearing.* Hart (UK), 1984.
Neill, A.S. *Freedom - Not License!* Hart (UK), 1966.
Rosenberg, M, Ph.D. et al. *Nonviolent Communication : A Language of Life: Create Your Life, Your Relationships, and Your World in Harmony with Your Values.* Puddledancer Press, 2003
Thevenin, T. *The Family Bed.* Avery, 1987.
Winn, Marie *The Plug-In Drug: Television, Computers and Family Life.* Penguin, 2002.

分娩与健康参考书：

Mendelsohn, R, M.D. *Male Practice.* Contemporary Books, 1981
Mendelsohn, R, M.D. *How to Raise a Healthy Child in Spite of Your Doctor.* Ballantine Books, 2001
Noble, E. *Childbirth with Insight.* Houghton Mifflin Co., 1983.

杂志：

The Attached Family (USA)
Mothering: The Magazine of Natural Family Living
Byron Child (Australia): The Magazine for Progressive Families
Natural Parenting (Australia): Real Alternatives for Today's Parents
Pathways to Family Wellness (USA)
Journal for Family Living
Compleat Mother: Magazine About Breastfeeding, Childbirth and Pregnancy.

提供自我认知机会的网站：

TheWorkForParents.com
AuthenticParent.com
NaomiAldort.com
TheWork.org
Landmarkeducation.com
TheAttachedFamily.com
Radicalhonesty.com

关于儿童与成人健康的网站：

WestonAPrice.org
Mercola.com

协力机构：

La Leche League
Attachment Parenting International
Commercial Alert
The Natural Child Project
Nonviolent Communication

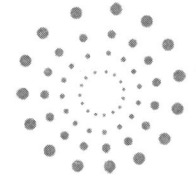

联系信息

娜奥米·阿尔多特,是一位育儿作家、演讲家,其作品在多个国家出版。她还是一位咨询师,根据每一位家长不同的选择(亲密育儿法、非入学教育法、主流育儿法)提出针对性的指导和建议,采用询问的方式挖掘阻碍家长自由表达爱的思想和观念。

娜奥米的文章和专栏在世界各地出版和发表,包括《育儿杂志(Mothering Magazine)》(US),《国际依附感育儿杂志(The Journal of Attachment Parenting International)》,麦格罗希尔大学(McGraw Hill's university)教科书,《拜伦儿童杂志(Byron Child)》(AU),《自然育儿(Natural Parenting)》(AU),《母亲(The Mother)》(UK),《认真对待孩子(Taking Children Seriously)》(UK),等等。娜奥米的作品迄今已被翻译成德文、希伯来文、日文、西班牙文和荷兰文等在多国出版。

如需要更多的信息,请参考娜奥米的网站:

www.NaomiAldort.com
www.TheWorkForParents.com
www.AuthenticParent.com
(800) 747-7916
naomi@ aldort.com
Naomi Aldort
P.O.Box 1719
Eastsound, WA 98245

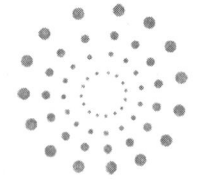

娜奥米的产品及服务

如需更多信息请参考：www.naomialdort.com

音频材料

Trusting Our Children, Trusting Ourselves, a set of 7 CDs
Babies & Toddlers: To Tame or to Trust, a set of 2 CDs
Raising Competent Children Through Attachment Parenting, a set of 4 CDs

育儿指导电话服务

娜奥米有多年指导世界各地父母的经验。通过娜奥米的指导，你能经由孩子发现自身的力量、智慧和平和。娜奥米会通过询问，挖掘让你产生压力和困惑的想法以及对自己对孩子对其他人的误解。一旦理清这些，你会发现问题的答案竟然自动浮现，孩子也因此自然成长。

除此以外，娜奥米会提供一个手把手的指导，让你和孩子都能以积极自由的状态和谐相处。

工作坊/演讲

娜奥米不仅有关于《养育孩子，一场温暖的修行》的周末工作坊，也提供能满足特定年龄段和需求的其他工作坊。在娜奥米的帮助下，你和你的孩子、家人将不断走向平和与自由，并且在那些未经审视的旧的育儿模式之外，享受养育孩子的真正乐趣。

假日式家庭疗养

娜奥米还会在自己家或你的家里举办私人家庭工作坊。这将是一个重塑生活的体验，每一天都会有很多收获。

(800) 747-7916
naomi@aldort.com
Naomi Aldort
P.O.Box 1719, Eastsound, WA 98245

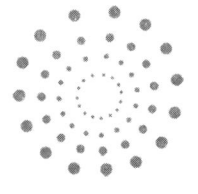

写在书后

养育孩子，一场温暖的修行

开始写这本书时，我最小的孩子还在蹒跚学步，那大概是八年前的事了。在很短的时间内，本书写作部分已经完成，然而由于忙于照顾孩子，我一直没有时间编辑文字，或为出版作必要的准备。五年前，这本书原本有机会面世，但我六岁的小儿子奥利弗和他的哥哥列侬决定学习音乐（大提琴、小提琴、钢琴，接着又是指挥和作曲），两人均展示出过人的天赋，于是我不得不把出书的事再延后几年。今天，列侬·阿尔多特（15 岁）可以创作并指挥自己的交响乐，而奥利弗·阿尔多特（11 岁）的多种乐器独奏表演经常在电视及收音机里播放，你可以在 www.OliverAldort.com 网站上看到关于他的介绍。

现在，你手上的这本书经过了多次的增补删改，从某种程度上说，它是伴随着我和我的三个孩子共同成长的。

首先，我要感谢我的孩子们，他们也是我的私人教练和老师。乔纳坦·阿尔多特教会我很多，其中极为重要的一点是，无论母亲多么优秀，多么爱自己的孩子，童年终究必须由孩子亲自编写，而且童年对于每个孩子仅有一次。列侬·阿尔多特教会我：跟着孩子走进他的世界，发现我所不知道的现实，分辨真正的事实与自欺的谎言。每当我的思维受到局限时，他总会及时向我指出。我最小的孩子，奥利弗·阿尔多特现在仍然牵着我的手，引领我发现自己、认识自己，教会我佛学的真谛。每当事情不如意时，他会说"无所谓"，然后继续快乐地走自己的路，看到我用各种母亲的烦恼折磨自己时，他会说："妈妈，你为什么要这样对待自己？"

接下来，我要感谢数千名为这本书提供素材的孩子，而始终站在我身后的，是过去和现在所有有勇气寻求我的指导，与我分享家庭故事的家长。在这本书里，你会看到那些故事，只是真实姓名和具体情节有所改动，你也会看到我自己的家庭故事，他们的姓名是真实的（征得了他们的同意）。

我亲爱的丈夫哈威在给我支持的同时也给了我压力。他虽然常常向我挑战，却总是信任我的能力和智慧。在养育孩子方面，哈威有勇气寻求我的指引，他会打电话对我说"我无法心平气和地处理这件事，你来施展魔法吧！"等我把一切收拾妥当，他又会说："快点出版那本书，世界需要它！"

如果没有我母亲在教养孩子的同时完善自身的出色能力，这本书就不会存在。而且，作为外祖母，她仍然善于提问，时时准备接受新知识。第一个向我传授肯定孩子情感这个概念的人就是我亲爱的母亲，她过去是，现在也一直是一位进步而独特的母亲，并且总是毫不倦怠地充实自己。

感谢帕特里克·法伦加为这本书所做的编辑、排版工作。帕特里克是本书的编辑，也是我前一本书《在学校外成长》(*Growing Without Schooling*) 的编辑，是"非学校教育运动"(Unschooling Movement) 的一位领军人物。帕特里克接受了我的初稿，并将它最终定型，为它增添了优雅和闲适的感觉。在将初稿送给帕特里克之前，我有幸与一位朋友，文学教授理查德·费德姆（Richard Fadem）一起讨论这本书，他没有作文字上的改动，却给我上了一门关于写作和编辑的精彩课程。

感谢埃伦·斯坦纳（Ellen Steiner）和黛博拉·伯克（Deborah Burke）帮助我完成最初的稿件；感谢丽莎·比斯卡普（Lisa Biskup）、迈克尔·比斯卡普（Michael Biskup）和克里斯·巴克利（Chrys Buckley）审校书稿；感谢维多利亚·麦科恩（Victoria McCown）最后校对并教我语法知识；如果没有图书发行者网络（Book Publishers Network）的夏瑞恩·哈拉（Sheryn Hara），我无法完成这本书，他替我承担了出版前繁重的准备工作；此外，感谢贾斯廷·史密斯（Justin Smith）和邦氏出版社（Bang Publishing）的全体同仁。

在此，我还想感谢一些阅读过本书片断，并提出实用意见的朋友：玛乔·雷科克（Marjon Riekerk）、凯西·盖纳（Kathy Gainor）、我的哥哥科比·哈斯（Kobe Hass）和嫂子米歇尔·哈斯（Michele Hass），以及其他提出诚恳建议的人，我无法一一列出他们的名字，但是我感激他们给予我的一点一滴的帮助。

写在书后

很多个人和团体支持开展一场运动,将育儿的方式推向自然和尊重。感谢"国际依附感亲子教养组织"(Attachment Parenting International)和"母乳育婴联盟"(La Leche League),这些团体中富有奉献精神的母亲和领导者们分发我的文章,用我的作品影响、改变教养幼儿的父母。在此,特别感谢"西北部依附感亲子教养组织"(Northwest Attachment Parenting)和其他西北部的以及新英格兰(New England)的亲子教养团体。

感谢那些创作出影响我思想的优秀作品的人,他们有的仍然在世,有的已经离去。谢谢你们与我分享你们的思想和爱:拜伦·卡蒂(Byron Katie)、沃纳·埃哈德(Werner Erhard)、约翰·霍特(John Holt)、埃克哈特·托勒(Ekhart Tolle)、马歇尔·罗森柏格(Marshall Rosenberg)、约瑟夫·切尔顿·皮尔斯(Joseph Chilton Pearce)、丹尼尔·格林柏格(Daniel Greenberg)、A. S. 尼尔(A. S. Neill)、罗伯特·S. 门德尔松(Robert S. Mendelsohn)医学博士、泰恩·塞维宁(Tine Thevenin),以及其他众多我听过或读过他们的妙语却一直不知道他们姓名的作者。感谢支持我、给我写书评的友人,你们让我相信这本书有一定的意义:布拉德,布兰顿(Brad Blanton)、约翰·布雷丁(John Breeding)、约翰·泰勒·加图(John Taylor Gatto)、詹·亨特(Jan Hunt)、温迪·普里斯奈兹(Wendy Priesnitz)(加拿大)和薇罗妮卡·鲁宾逊(Veronika Robinson)(英国)。

特别感谢佩吉·奥玛拉(Peggy O'Mara),《育儿》(Mothering)杂志的编辑及发行人。佩吉一直是推动育儿方式朝自然方向转变的重要力量,她铺设了一条道路,使我和其他人得以在世界各地对亲子关系的改变作出努力。

　　最重要的是，感谢你，我的读者，感谢你有勇气探索这一新的育儿模式。如果没有你，这本书将无法存在。我是一面镜子，通过我，你可以看到，在教养孩子的同时完善自己是你的责任。

献上我的爱与感激

娜奥米